简明
合作学习设计
*11*讲

郑杰————————著

大夏书系—教师专业发展

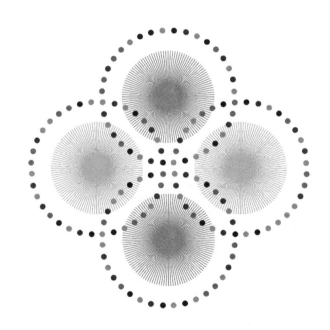

 华东师范大学出版社
ECNUP
全国百佳图书出版单位
·上海·

图书在版编目（CIP）数据

简明合作学习设计 11 讲／郑杰著.
—上海：华东师范大学出版社，2022
ISBN 978-7-5760-3542-1

I. ①简 … II. ①郑 … III. ①中小学—教学设计 IV. ① G632.0

中国版本图书馆 CIP 数据核字（2022）第 251712 号

大夏书系 | 教师专业发展

简明合作学习设计 11 讲

著　　者　　郑　杰
策划编辑　　李永梅
责任编辑　　韩贝多
责任校对　　杨　坤
装帧设计　　奇文云海·设计顾问

出版发行　　华东师范大学出版社
社　　址　　上海市中山北路 3663 号　邮编 200062
网　　址　　www.ecnupress.com.cn
电　　话　　021-60821666　行政传真 021-62572105
客服电话　　021-62865537
邮购电话　　021-62869887
地　　址　　上海市中山北路 3663 号华东师范大学校内先锋路口
网　　店　　http://hdsdcbs.tmall.com/

印 刷 者　　北京密兴印刷有限公司
开　　本　　700×1000　16 开
印　　张　　15
字　　数　　228 千字
版　　次　　2023 年 4 月第一版
印　　次　　2023 年 4 月第一次
印　　数　　6 100
书　　号　　ISBN 978-7-5760-3542-1
定　　价　　59.80 元

出 版 人　　王　焰
（如发现本版图书有印订质量问题，请寄回本社市场部调换或电话021-62865537联系）

序 ｜ 做专业的合作学习

我 20 多年前曾经当过中小学校长，那时候年轻气盛，自以为很了不起，立志要当个教育家。后来感觉在公办学校受限太多，转投民办学校，却失望更多。2006 年年底辞去民办学校校长职务，放下教育家梦想，过上了教育咨询和培训师的职业生活。

我曾经写过一本书叫作《从校长到幕僚：学校发展咨询手记》，讲的就是那段时间的经历。什么是幕僚应该干的？幕僚的工作就是给校长们提供专业方面的支持，无论提供咨询还是培训服务，都是幕后服务。我认为我完成了一个不小的转型，即从"教育家"到"教育专家"的转型，为此我感到骄傲。

随着工作性质的变化，我的语言方式和行为方式都发生了改变，至少我不再像一个"教育家"那样对教育问题发表看法，更不会为了增强思想的冲击力而有意使言论极端化、片面化，我不再是当年的那个愤世嫉俗的"另类校长"了。作为职业咨询师和培训师，一个基本的"人设"就是要"中规中矩"，要"靠谱"。虽然限于研究能力的不足，我做不出什么创造新知识的业绩，但是服务对象需要可靠的知识，一个秉持负责任态度的"教育专家"就必须给予。

在我的咨询和培训业务中，合作学习是个核心内容。一方面，合作学习在理论和实践方面都很成熟，这方面的知识来源很可靠，经得起考验；另一方面，很多学校都想推行合作学习，却遇到操作技术方面的障碍，服务的需求很大，而"供应商"却不多。

说来也挺有意思，教育行业内恐怕无人不知合作学习。合作学习是个"好东西"，似乎也没有什么争议，可是在实际的课堂教学中，合作学习却很少被教师使用。我认为，一个很重要的问题在于，合作学习是一个被大家熟知却又被很多人误解的概念，教育领域有不少被曲解的概念，合作学习恐怕也被"污染"了。人们往往直觉地认为，让学生们围坐在一起七嘴八舌地发表意见、展开讨论，那就是在合作学习了，结果效果并不如预期。于是合作学习总是被提起，却很少被使用。

普遍存在对合作学习的"无知"或一知半解，这是教育工作中缺乏以技致道的精神所致。任何一种教学方式与方法，说到底都是"技术活"，讲授、辅导、课堂提问、组织讨论、布置作业、出张考卷、写段评语，哪一项是不经过"刻意练习"就能轻易掌握的？可惜，这个行当习惯于铺天盖地的新名词，却偶尔地不够认真。这无疑给我这个半路出家研究合作学习的业余分子提供了"冒充"专业的机会。

合作学习是一种学习方式，同时也是一种教法。与一般的接受式学习和讲授法相比较，合作学习属于"间接教学"方式，在可控性上相比单纯的讲授难度更大。可是，教师们显然没有为此作好专业知识和技能方面的准备。原因也很简单，他们自己是学生的时候，他们的老师不曾用合作学习组织学习；读大学，即便是师范类大学，也缺乏系统的合作学习方面的训练；入职后，也很少有机会深入了解合作学习。假如一线教师从未经过合作学习的专业培训，甚至连真正的合作学习都没有见过，没有体验过，上峰一声令下，难道他们自动就会？在课堂中实施合作学习，并非发几个红头文件下面就能办到的。

转眼间，我从事合作学习方面的咨询和培训工作已逾10年，上海、杭州、无锡、台州、温州、银川、淄博、济南、武汉、雅安、克拉玛依、博尔塔拉、深圳、佛山、东莞、沈阳、延吉等地的一些中小学校教师接受过我的"体验式"培训，我还组织和主持过五届全国性的合作学习专题研讨会，编写过合作学习教材《合作学习是个技术活》，出版了《为了合作的学习——让课堂变革真实地发生》《为了学习的合作——如何让高效学习在课堂真正发生》两本普及性读物。更为重要的是，我还摸索出一些系统化教师培训的办法。总的来说，我将合作学习教师培训分为两个阶段：

一是入门阶段，也叫规范普及性阶段。这一阶段主要通过体验式培训来达成：一方面讲解合作学习的基本知识和操作要领，让学员们知道什么是真正的合作学习；另一方面，更为重要的是，我以合作学习的方式进行合作学习培训，给学员们感知合作学习过程、体会合作学习要领、领略合作学习魅力的机会，这也算是一种"补课"吧。

二是进阶阶段，也叫作优化阶段。这一阶段探讨合作学习在课堂教学中的运用场景，关注合作学习在学科教学中的有效使用，使合作学习能更好地为提高教学质量服务。这个阶段的培训中，我会花更多时间与学员们探讨教学设计问题，让学员们认识到合作学习不能被"滥用"。这本书其实就脱胎于"优化阶段"的培训讲义。

对这本书，我要作以下几点说明：

其一，这是一本写给一线普通教师看的书。教学设计之类的书，虽然也要讲讲理论，但主要还是指向教师操作的，本书也不例外。讲授如何操作的书，大多不是写给教育家、教育专家和天才教师看的，所以这本《简明合作学习设计11讲》是面向普通教师的。

其二，这是一本写给普通人里的初学者的书，按时髦的称谓叫作"菜鸟"。为了帮助菜鸟们在合作学习方面获得进阶机会，我尽量使用"简明"的语言风格，为了突出重点，我省去很多细节。相比于专业的学术语言，作为培训师的口语化表述往往显得不够规范和严谨，举的例子也不一定精当，但这是让合作学习贴近普罗大众而必须作出的牺牲，我可不希望这本书因过于深奥而被束之高阁。这本为菜鸟们认识和了解合作学习设计而写的书，也许是他们的第一本，但肯定不是最后一本。

其三，不追求时髦，而将实用性放在第一位。课程教学领域是新概念的"重灾区"，而且流派众多，一些理论听着很美，实则空洞。我在这本书中所引用和所依据的理论肯定不会沾染"时尚感"，全书基本上会以认知理论中的信息加工理论作为主要的理论框架，并且按照"奥卡姆剃刀"原则，做到"够用就好"。

其四，虽然书名写有"合作学习设计"，可实际上并没有讲"学习设计"，而是在讨论合作学习的"教学设计"。我不太同意一些追求时髦的研究者，轻易将"教学设计"换个名号变成"学习设计"，以为这就算一个新流派的开山鼻祖了，这么做缺乏实际的意义。

写作是一项艰苦的劳动，但是又充满乐趣。在 2020 年疫情防控期间我完成了《简明教学设计 11 讲》，之后迅速开始准备这本《简明合作学习设计 11 讲》，都具有"简明""设计"和"11 讲"这些关键词，是因为我在玩一个"拼图游戏"。我有一个更大的计划，那就是写一系列"简明"丛书，一共出 11 本，内容全都是关于中小学校中的"设计"，而且全都是 11 讲。人生就像是在玩一场拼图游戏，有时候这种形式的美感，也会激励一个想偷懒的人去完成某趟艰苦的旅程。

虽然我追求系列丛书的形式美，但是我不允许自己粗制滥造。我希望自己有生之年完成的这幅"设计图"，每一个小块都经得住读者的考验。

不过，请读者朋友们相信华东师范大学出版社，相信"大夏书系"这个品牌，相信与我长期合作的编辑团队，他们不会与低质量的图书妥协。

最后还是要致谢。感谢上海市实验学校的徐红校长 15 年来在情感和智力方面无条件的支持；感谢妻女无比美好的陪伴；感谢父母替我照顾好了他们自己；感谢乐好教育的张蕾博士为合作学习在全国的推广所做的巨大努力。感谢所有爱我的和我爱的人，你们共同塑造了这本书的作者。

这本书要送给我的三个小天使：郑一珺、郑一含、郑一蕾。

| 目 录 |

第1讲 ｜ 合作学习

学 习 目 标 ＞ 1. 知道合作学习是建立在专业知识和操作技术基础上的。

2. 了解什么是真正的合作学习，尤其是"互动"这一核心概念；了解合作学习的五大要素，这使你能将合作学习与一般的分组教学进行区分，对合作学习的理解会加深。

3. 不仅知道合作学习好在哪里，而且还知道为什么合作学习有那么好，这会加强你在课堂中开展合作学习的信念。

4. 知道合作学习的难处，好在前人的研究和实践都很扎实。

一、合作学习需要学习吗？

我曾经问过不少教师一个令人汗颜的问题："我们有专业吗？"

大家都是教师，都经过了专业考试，都领到了教师资格证，手里还都拿着"专业技术职称"的证书，有中级教师、高级教师的，现在"高级"都打不住了，纷纷升格为"正高"，可是我们有专业吗？如果有，我们的专业是什么？我们有技术吗？我们的专业技术又是什么？

首先，教师如果是个专业的话，专业应该是"教学"。我们教数学，数学研究不是我们的专业，教学生学会数学甚至使之将来可能去研究数学，这才是我们的专业；英语说得好不是我们的专业，让学生说一口流利的英语才是我们的专业。

教学如果是我们的专业的话，我们就应该比不是这个专业的人更会教学，就像我们称医生是专业的，他们在诊断和治疗方面比一般人更具权威性，这就是一个被称为专业的行当所应该具备的不可替代性。专业的尊严也就建立在不可替代性上。

不过，遗憾的是，相比于医生，教师在专业性上还是弱一些，这恐怕是个事实，这一点靠肉眼就能观察到。教师并非那么不可替代，"专"得不那么深，这是为什么呢？为什么教师不如医生那么专业？是因为教师不够努力？

显然不是，我想主要问题是我们对于"人是如何学会的"比"人是怎么得病的"更缺乏了解。也就是说，任何专业行为理应建立在可靠的知识和操作技术上，而教师这个专业，其依据的知识和技术还不是那么丰富和确定，这就给专业决策和行为留下很大的想象空间，这也就是教学方面流派众多、众说纷纭的原因之一。

什么是可靠的知识？当然是科学知识。经过严格的科学实验验证的那些知识，被我们称为科学知识，应该成为实施专业决策和行为的依据。相比于物理学这类成熟的科学，教学所依据的心理学和神经科学的研究还很薄弱，人类是如何学习、思考及创造的？好多奥秘还没有揭晓，好多观点也只是"假说"，教育科学还不能完全满足指导教师教学的要求。

即使有一些可靠的教育科学知识，比如说罗森塔尔实验、艾宾浩斯遗忘曲线，可是我们的教学往往并不以此作为依据。这说明，一方面，教育科学较为薄弱；另一方面，从业人员的科学意识也比较薄弱。

在教学实践中，形成了很多操作方法和策略，一些方法有科学依据，还有一些则是随机试错得来的，不管来历如何，我们统称为"技术"吧。可是，这些技术有效吗？这就要用到"循证"的方法，也就是要寻找到事实和数据作为证据，支持某一策略和方法在某种情况下是有效的，而在其他情况下可能是低效甚至无效的。循证思维，这又是一个教育行业要向医疗卫生行业学习的地方。

本书要给大家推介一系列合作学习的操作技术，它们的有效性目前看来是得到了比较充分的证明。

总之，教学应该算是一个"准专业"，合作学习作为一种教学方式也应该是这个"准专业"的一部分。我希望尽可能多地将相对可靠的知识和技术讲给大家听，但这些都不能算是真理。严格地说，合作学习的教学设计是一个发展中的"准专业"。

二、什么是合作学习？

由于合作学习在不同国家的实践各不相同，再加上合作学习领域的代表人物较多，目前学术界对于什么是合作学习还没有达成统一意见。综观合作学习领域中具有代表性的专家们的观点，合作学习的内涵至少涉及以下几个方面的内容：

（1）合作学习是以小组为基本形式的一种教学活动。

（2）合作学习主要是以师生、生生等互动合作方式展开的一种教学活动。

（3）合作学习是一种以共同目标为导向的教学活动。

（4）合作学习是以团队的成绩作为奖励依据的一种教学活动。

综合以上内容，本书将合作学习定义为：合作学习是以小组活动为基本形式，以团队责任为驱动，有组织地利用学生之间的有序互动来促进自己和他人的学习，共同达成学习目标的一种教学活动。

根据以上定义，我特别要向大家强调合作学习的核心内涵：互动。

什么是互动？互动是指在一定社会背景与具体情境下，人与人之间发生的各种形式、各种性质、各种程度的相互作用和影响。用通俗的话来讲，互动就是"你动我也动"。举个例子：假定现在有四个人坐在一起聊天，A说"今天早饭很好吃"，B说"我晚上做了个噩梦"，C说"我小时候数学很好"，D说"中国女排打得好"。请问他们之间有没有互动？答案是没有。这四个人虽然都在"动"，都在说话，听上去很热闹，可是却没有"相互作用""相互影响"，彼此之间没有发生任何呼应和关联。我猜想这么诡异的场景应该发生在精神病院里吧！精神病院里的病人，他们各自生活在自己的世界里，每个人都在说话，其实都是"独白"。

日常工作中，那些被我们称为"研讨会"或"讨论会"之类的活动，往往容易使参与者陷入"独白"，甚至"一言堂"。比如开展教研活动，某位老师上完公开课，大家评课讨论，每个人轮流发言，但是各说各的，相互之间没有交集，从不回应其他人的发言，我们把这样的发言称为"独白"，而不是"互动"。

一般我们把"讲授法"之类的传统教学方式称为"直接教学"，而将"自主""合作""探究"之类的教法称为"间接教学"。相比于直接教学，间接教学中师生之间、生生之间的互动行为更多。站在教师的角度上看，间接教学的课堂更容易失去控制，甚至会凭空生出很多枝节和意外，这会让教师失去掌控感。

掌控感在很大程度上影响到一个人的幸福感。对自我和对他人的掌控，都会带来很好的心理感受。直接教学的弊端很明显，一堂课一堂课地讲下来，很累人，学生被动学习，缺乏学习动机，往往还出现不少纪律问题。尽管纪律问题是长期困扰着教师的大问题，可是为什么大多数教师还是会偏爱直接教学？显然与掌控感带给教师的美妙感觉有一定的关系。

以上我们了解了合作学习的概念和合作学习的核心内涵——互动。

为了更好地实现课堂互动，防止互动失控而变成"乱动"，合作学习研究专家们提出了合作学习的五大要素：混合编组；积极的互赖关系；合作技能；个体责任；小组自评。

（1）混合编组。综合考虑小组成员的差异性，对学生进行分组，尽可能保证小组成员之间的优势互补。

（2）积极的互赖关系。小组成员之间建立了同舟共济、荣辱与共的归属关系。

（3）合作技能。合作不仅是一种意识，更是一种人际互动和交往的技能；作为一种技能，这需要长期学习，才能成为行为习惯和个人教养的一部分。

（4）个体责任。合作学习过程中，每个学生必须承担一定的学习任务，这不仅是自己对自己的责任，也是自己对小组的责任。教师应加强个体的责任感，以避免发生"搭便车"现象。

（5）小组自评。通过团体反思，小组成员们分析小组在活动时遇到的问题和困难、具有的缺点和优点，特别是对互动过程进行反思，以保持小组活动的有效性。

以上介绍了合作学习的五大要素，这五大要素的关系是这样的：组织学生合作学习，首先要给学生编组，怎么编组更好呢？那就是"混合编组"；其次，要将学习小组中每个成员凝聚起来组成一个团队，这就要设法使他们形成"积极的互赖关系"；接着，为了长期维持和促进小组成员之间的互赖关系，那就要教授"合作技能"；可是，小组成员们是通过合作来学习的，这就有可能会产生"搭便车"的现象，导致学习效益下降，那就要强化"个体责任"；最后，为了让合作学习成为一种自觉，就要通过反思性活动保持小组成员的自我觉知，即通过"小组自评"提高合作学习的质量。

以上，给大家介绍了合作学习的本质是互动及合作学习的五大要素。只有了解了这些内容，才算是了解了合作学习，这是我们走向专业的合作学习的起点。

三、合作学习好吗？

我们在课堂中使用合作学习，并非只是为了响应党中央的文件精神、贯彻教育部的指示要求，也不是因为某个伟大教育家的倡导，之所以要在课堂教学中开展合作学习，主要是因为合作学习对学生发展产生了积极作用，这些积极作用得到了严肃的科学研究的支持。

2001 年，美国合作学习研究专家约翰逊兄弟（D·W·Johnson & R·T·Johnson）和斯坦公布了一份关于合作学习的元分析报告，这份报告指出：

目前已有 900 多项研究证明合作学习较之竞争性学习更为有效。这些研究具有相当普遍的意义。这是因为这些研究是由不同价值取向的研究者们在不同的条件下、不同的国度里和 100 多年的时间里完成的……在过去的 100 多年间，研究者们对不同的教育结果进行了研究，如成绩、高层次推理、记忆保持、工作时间、学习迁移、成就动机、外在动机、持续动机、社会和认知发展、道德推理、观点采纳、人际吸引、社会支持、友谊、刻板与偏见的减少、价值差异、心理健康、自尊、社会能力、价值内化、学习环境的质量等。恐怕还没有任何一种其他的教学策略能达成如此众多的教育效果。

大家可能会问，合作学习能提高学生的学业成绩吗？答案是确定的，合作学习对学生学业成绩的提高无疑产生了积极的促进作用。

研究者们汇总了上百个合作学习与学业成绩关系的相关研究，得出的结论是：合作学习在学生学业学习方面的平均效应大小大约是 0.61。这就意味着在学业学习的测试中，使用合作学习策略的学生的平均得分比在竞争性氛围中学习的学生的第 70 个百分位数的成绩还略高一点。一些经过精心设计的合作学习模式创造了高于 1 个标准差的平均效应大小，一些则超过了 2 个标准差（学生的平均成绩高于控制小组的第 90 个百分位数）。

合作学习能提高学业成绩，对这一结论恐怕没有什么争议。但是，对于为什么合作学习能提高成绩，研究者们却各有解释。

（1）动机的观点。合作学习为学生创设了一种团体奖励和合作性目标的机制，这种激励机制使小组成员因受到奖励而更加努力。

（2）社会凝聚力的观点。合作学习对学习成绩的影响在很大程度上是以集体凝聚力为中介的，学生在学习上互相帮助、相互关心，并希望彼此都成功，这对学习产生了积极影响。

（3）认知发展的观点。发展心理学家维果茨基（Lev Vygotsky）提出了"最近发展区"这一概念，在他看来，合作性活动能够促进成长，因为年龄相近的儿童可能在彼此的最近发展区协作活动，他们在协作小组中表现出比单独行动时更高级的行为。

（4）认知阐释的观点。如果信息要在记忆中贮存下来，并与记忆中原有的信息相联系，学习者就必须对学习材料进行认知重组或阐释。阐释最有效的方式之一是向他人解释材料。

（5）练习的观点。练习的机会与教学效果高度相关，而合作学习增加了练习的机会。学习时相互测验显然提供了更多的练习机会，从而使学生比自己单独学习时更有效，而且可能不需要外界激励。

（6）课堂组织的观点。合作学习为教师的课堂管理提供了潜在的优势条件，包括动机的、认知合成的、练习的动态机制，这种机制既能把教师从课堂管理的负担中解放出来，使教师有更多的时间从事更基本的教学任务，以及对个别学生进行指导，同时又能使学生积极主动地参与学习过程，提高学生的自我管理能力。

（7）综合的观点。这一观点综合了各项研究，认为合作学习之所以能提高学业成绩，主要原因是：学生有更多的机会参与课堂讨论；有更多的机会来给予或接受帮助；他们希望获得成功的动机得到了增强；学习策略差的同学有更多的机会目睹学习策略好的同学所做的示范；由于学生们感到不那么孤立，他们的焦虑程度下降了；与在那种不用承担个人责任的小组中的学生相比，合作学习小组中的学生具有更多的责任感；成功往往哺育成功，因为当人们感到他们的努力能够转化为成果时，他们会更加努力。

以上给大家介绍了合作学习的第一大好处，即提高学生的学业成绩，也解释了背后的原因。

合作学习不仅是提高学业成绩的利器，而且实证研究表明，培养合作能力可以帮助学生提高学习能力以及其他有助于学习的能力。比如，通过对合作能力的训练，学生能提高自我管理能力，并提升学习的主动性和自主性（Re snick，1987；Bowman，1987）；学生还可以获得更深层次的思考，并长时间记忆信息，有助于培养其审辨性思维（Webb，1982；Goethals，1995）。

除了提高学业成绩、提升高阶思维能力，合作学习研究专家们普遍认为，合作学习能满足学生交往与合作的需求：

（1）来自社会各群体和阶层的学生们有机会进行深入的接触，增进相互理解，给予学生理解他人境遇的机会，丰富他们对真实世界的认识。

（2）来自社会各阶层的学生们为了一个共同的目标而合作，使学生体验到相互依赖的良好感受。

（3）在小组活动中，每人都有机会为其他成员提供有价值的东西，这提高了学生的意义感。

（4）由于小组的成功来自于他们的合作，学生们体验到了成就感，更体验到了道德感。

实践也证明，尽管学生之间存在着差异，但是通过参与合作学习，都有了更多的责任感和义务感，相互之间也更加关心，同时他们也更加喜欢教师，更加喜爱他们的班级。合作学习丰富了学生的交往体验，进而增进了师生的幸福，而这正是合作学习特殊的价值与魅力。

以上我们回答了一个重要的问题：合作学习好吗？或者说值不值得我们花时间做这方面的专业学习？答案是肯定的：合作学习是一种促进学生发展的方式，这种发展不仅表现在学业成绩上，更重要的是，合作学习教会学生与他人合作，毫不夸张地说，合作学习甚至对于学习者未来建立和维持稳定和谐的家庭、婚姻和友谊也大有益处。

四、合作学习难吗？

合作学习难吗？这个问题可以转换为以下两种问法：教师在课堂中组织和实施合作学习难吗？学生在课堂中进行合作学习难吗？

这两个问题的答案只有一个：合作学习很难，但是掌握了操作要领就不难。

教师专业主要涉及三大技术领域，安排教学内容、运用教学方法和实施教学评价，哪个领域都不简单。合作学习属于三大技术领域中最难的"运用教学方法"，而且属于这个领域中更难的一种"间接教学"，难度要大于"直接教学"。

在间接教学中，组织实施合作学习更难。教师能否在课堂教学中顺利开展合作学习，不仅取决于自身的努力，在很大程度上还要看学生是否学会了合作学习，而要帮助学生掌握合作学习的要领，也很难。一个掌握了合作学习操作要领的教师，在自己的班级里上课已经得心应手了，但若让他换一个班级，而这个班级的学生不会合作学习，那他就不敢用合作学习来上课。你说难不难？

不过，好在合作学习并不是一种新方法，前人积累了众多研究，把合作学习搞透了，我们这些"后生"只要照着做就行。

下面综合回答一下关于合作学习难不难的问题，三句话：第一，作为一门专业技术，当然难；第二，合作学习尤其难，因为还要帮助学生掌握一系列操作方法；第三，只要掌握操作要领，你舍得花时间学习，就不难。

思考与练习 〉 1. 学完这一讲的内容，你对合作学习有了什么新认识？

2. 合作学习与一般的分组教学有哪些区别？

3. 合作学习给学生带来的益处有哪些是用其他教学方式得不到的？

第2讲 | 常见问题

学 习 目 标 >

1. 了解合作学习需要学习者在互动时保持良好的秩序，为此就要掌握小组建设、集中注意力、提高个人责任感、时间管理、课堂管控的基本要领。

2. 掌握小组建设的六个要领：小组围坐、小组规模、小组构成、小组解散、小组交流、小组成长；并能按要求对自己的班级进行混合编组。

3. 掌握防止学生在合作学习时注意力涣散的两大要领：标准化信号、课堂预告。

4. 掌握防止学生在合作学习中"搭便车"的四个要领：角色互赖、责任承包、随机提问、全员测试。

5. 了解合作学习中的五种时间类型：实用时间、安排时间、参与时间、专心时间和收获时间；并能掌握提高学生时间感的要领。

6. 掌握课堂管理的两大要领：通过课堂观察始终了解课堂里正在发生什么；通过语言表述让学生知道自己什么都知道。

一、小组建设应该怎么搞？

先温习一下本书对合作学习作出的定义：合作学习是以小组活动为基本形

式，以团队责任为驱动，有组织地利用学生之间的有序互动来促进自己和他人的学习，共同达成学习目标的一种教学活动。

合作学习是以"小组活动"为基本形式，组织和开展合作学习就要从小组建设开始。在小组建设方面，要注意以下内容：（1）小组围坐；（2）小组规模；（3）小组构成；（4）小组解散；（5）小组交流；（6）小组成长。

小组围坐

合作学习要求小组成员们围坐在一起，使他们可以在小组内进行面对面的交流。有人就要问了，为什么非要这么坐？我把学生编成小组，需要讨论的时候让前排的学生回过头与后排的学生交流，这样不是更方便吗？

我的回答是不行，为什么不行？因为合作学习要取得良好效果，一个重要因素就是要使小组成员们构成"积极的互赖关系"，他们才会产生一种与他人"荣辱与共"的感觉，才能感觉到自己的利益与全组成员的利益休戚相关。

要想形成归属感，就应该设法让小组成员在身体上靠近些，再靠近些。小组成员们紧紧围坐在一起，"四目相视，促膝而坐"，会使大家更愿意交流，更易建立起亲密关系。人类学家爱德华·霍尔（Edward Twitchell Hall）将日常生活中人与人的空间距离分为四类，分别为亲密距离、个人距离、社交距离和公共距离。一般说来，"亲密距离"的空间范围在 0～0.5 米之间，这个距离显然有利于建立良好的合作关系。

课桌椅的摆放本身能产生心理上的暗示作用。传统课堂里的那种秧田式的坐法，在暗示学生们，教师是课堂里的主角，你们都是听众。学生们为什么在课堂上不愿意公开发言，一个很重要的原因就是秧田式的坐法加固了教师仲裁者和权威者的形象，这一形象让学生们产生不安全感。"排排坐"的心理暗示是：师生之间的关系是上级与下级、权威与服从的关系，这种关系导致课堂气氛紧张、压抑、不安全，学生感到有压力，"闭嘴"可能就会是他们的最佳姿态了。

小组规模

　　合作学习要求学生围坐在一起，那让多少人围在一起构成一个小组呢？关于合作小组的人数应该是多少，研究者们普遍主张小组规模应该控制在4~6人之间。这是为什么呢？因为少于两个人就不是合作学习了，一个人叫作独立学习。你可能会说，两三个人之间也是可以合作的呀？但是，你想过没有，如果小组规模过小，会导致一个班里有十几二十个小组，每个小组向全班发表意见的机会就减少了；还有，小组规模太小，组内多样化程度不够，这可能导致讨论质量偏低；此外，一个班里小组太多也不利于管理，最理想的状况是班里有6~8个小组。

　　那小组是不是越大越好呢？也不是，从信息交流和协同的角度看，成员越多，合作的难度就越大。一大群人，更有可能成为"乌合之众"。

　　所以，专家们普遍提议小组成员控制在4~6人，这是很有道理的。

小组构成

　　小组成员是随机决定，让学生自由组合，还是由教师来安排？

　　答案是由教师来安排。为什么呢？因为合作学习的第一个要素就是"混合编组"，要让小组成员们个个不同。谁最了解学生的差异性？显然是教师，所以编组的决定权应该掌握在教师手中。

　　那你又要问，为什么要混合编组呢？这是因为小组内成员的共同之处越少，差异性也就越大，可以实现优势互补，也更能引发讨论和深层次思考。

　　更进一步来说，组内要"异质"，而组和组之间却要"同质"。这是为什么呢？各个小组之间保持同质性，让每个小组都站在同一起跑线上，才能实现"公平竞争"。为什么组间要竞争呢？答案是，组间竞争是为了制造"外部竞争对手"，这会促进小组内积极的互赖关系。

　　那如果由教师进行混合编组，学生不愿意怎么办？一些学生会向教师要求跟好朋友坐在一起，但教师应该拒绝这样的请求。不仅不能答应，而且还要教育学生，合作学习的目的是通过合作来促进学习，因此先要学会与他人合作。什么叫作学会了合作？学会合作就是能不挑人，甚至与一个自己不喜欢的人都可以在一起学习和工作。

为保证"组内异质"，我们一般主张从性别、性格、学习能力、兴趣爱好、自我约束能力等方面来进行编组。

（1）性别。原则上，同一小组内男生与女生的比例应该和小组所在的班级一致。

（2）性格。同类型性格的学生在同一小组里学习，他们性格上的弱点就会充分暴露，甚至可能被强化；而不同性格类型的学生在同一小组里学习，在合作活动时可以相互弥补和借鉴。合作学习主张将外向型的学生与内向型的学生混编在一个小组。

（3）学习能力。学习能力与学业水平不是同一概念，不过由于二者之间的紧密联系，在编组的时候不妨把它们当作同一因素来考虑。也就是说，对学生学习能力强弱的判断主要参照他们的学业成绩。

（4）兴趣爱好。相同兴趣爱好的学生在一起，不太愿意投入到与他们的兴趣爱好无关的学习任务上；不同兴趣爱好的学生在一起合作完成学习任务的时候，可以实现优势互补。

（5）自我约束能力。如果多数甚至全部小组成员都缺乏自我约束能力，那么小组活动容易陷入混乱，合作学习也就无从谈起。因此要把自我约束能力较强的学生和自我约束能力较差的学生进行合理搭配。

表 2-1　小组建设任务单

小组名称		口　　号		组　标	
姓　名	学习能力	性　别	性　格	兴趣爱好	自我约束能力

说明：1.学习能力分为"优秀""一般""困难"；2.性格分为"外向""内向"；3."自我约束能力"分为"强""一般""弱"。

小组解散

小组总要解散并进行重组的。那小组应该保持多久？一般认为十周或一个学期调整一次。这是为什么呢？

其一，小组保持的时间不能太短。小组要让大家都有归属感，时间过短，显然不利于培养感情。

其二，小组也不应该保持太长的时间，因为时间太长会缺乏新鲜感，小组运行的效能会下降。

其三，为什么非得十周或一个学期调整一次呢？那是因为你要保证"组间同质"，如果发现组与组之间差距拉大了，那就要适时作出调整。而据笔者观察研究，十周或一个学期小组就开始分化了。

其四，重组可以让学生学习如何与陌生的同学建立新的合作关系，这有利于合作素养的提高。

小组总是要解散的，从人文关怀的角度出发，小组解散还应该举行仪式活动，让学生们充分表达感情，表达对同伴的感谢。活动可以很多样，比如相互写推荐信交给下一个新组；制作影集或视频；公开张贴合作时的感人瞬间；还可以出版集体成果集，以志纪念。

小组交流

小组形成初期，要促进小组内交流，增进小组成员之间的相互了解，为小组成长打下基础。笔者一般会让小组成员们这么做：

（1）介绍自己。在小组内提出一些个人问题进行面对面交流。比如，最喜欢什么？最拿手的是什么？最爱听的音乐是什么？最喜欢哪个季节？我的名字有什么含义？小组成员们围绕这些问题进行交流，以增进彼此的了解。

（2）构建小组。在小组内提出"什么是好的小组"，组员们就这一问题写下若干要点。随后把这些信息收集起来，从中发展出小组的名称、徽章、口号、组歌等。

（3）发现优点。每个组员各取一张 A4 纸，并在中央写上自己的名字，把纸传给其他组员，后者在纸上写上前一个组员的优点。继续传递，直到收集到所有组员的观点。

（4）寻找共同点。虽然编组时主张"异质"，但组成小组后还是要让成员们通过相互交流找到共同点，如喜欢的食物、音乐、颜色、家族中兄弟姐妹的数目等。

以上方法在小组成立初期是非常重要的，这有助于形成小组意识和团队精神。

小组成长

小组成长得好不好，关键是看小组有没有形成积极的互赖关系。为建立互赖关系，以下六个建议供大家参考：

（1）目标相互依赖。每个小组都要有各自的共同目标，可以由教师给定，但最好让组员们自行讨论决定。

（2）角色相互依赖。让每个成员都在小组内承担一个角色，并使角色间形成依赖关系。

（3）外部对手相互依赖。外部的竞争压力可以加强组内成员之间的团结合作，这一法则在国与国之间、城市与城市之间、学校与学校之间的关系中是通行的，在班与班、组与组之间也是管用的。

（4）资料相互依赖。充分利用"信息差"，让小组成员拥有（独占）不同的资料，大家必须通过分享这些资料才能成功地完成小组任务。

（5）身份相互依赖。在组建合作学习小组时，应鼓励每个小组确定自己的小组名称、誓言或徽章。小组的象征物和标志，寄托了学生对本组的期望。

（6）奖赏相互依赖。奖赏可以是内在奖赏，比如合作学习带来的乐趣；也可以是外在的，比如获得理想分数、教师和同学们的认可，也可以是证书和其他奖励。

在合作学习中，加强对学生小组建设方面的指导，通过目标互赖、角色互赖、外部对手互赖、资料互赖、身份互赖、奖赏互赖等方法，形成成员之间积极的互赖关系，这些方法为小组成长创造了条件。

以上介绍了合作学习的第一大操作要领：小组建设。小组建设对于合作学习来说意义重大，而小组建设又是一个长期的过程。一些教师只是偶尔在课堂中使用合作学习，之所以很难取得预期效果，一个重要的原因就是合作学习缺乏运行良好的小组作为依托。

二、如何防止注意力涣散？

什么是注意力？注意力是指人们关注一个主题、一个事件、一种行为和多种信息的持久程度。一个人对某事很专注，意思是说他的注意力投向了那件事，而且时间足够长。人在集中注意力的时候，耗费的能量特别多，因为这时大脑会释放一种化学物质，通过某种抑制作用来屏蔽信息，让注意力更集中。

注意力很重要，可是注意力是不是越广越好呢？如果你对什么都感兴趣，估计你很难生存下去，这会把你的能量耗光的。出于自我保护，人会选择在某些情况下对某些事物集中注意，对另一些事物则放弃注意，以节省能量。因为注意力是一种稀缺资源，教师实际上是在与一切更吸引学生注意力的事物竞争。

为什么讲合作学习的教学设计要特别谈谈注意力管理的问题？那是因为相比于传统教学，强调人际互动的合作学习给教师的课堂教学增加了压力，为确保合作学习有序开展，就要对学生的注意力进行有效管理。

比较一下三种主要的课堂组织形式：全班同步学习、小组学习、个别指导，学生在哪一种方式下学习更容易受到外界干扰？当然是小组学习！一旦学生之间互动起来，与学习无关的信息就会大量"涌现"，而学生，特别是小学生，就更容易分心。所以不少老师都有这个体会，课堂里一旦开展合作学习，学生们兴奋得不得了，七嘴八舌、吵吵嚷嚷，可是他们未必专注在学习上。因此，教师就要掌握更有效的调控学生注意力的要领。这里主要谈两大要领，一是标准化信号，二是课堂预告。

标准化信号

合作学习中的标准化信号主要用于合作学习的启动、暂停和结束，就像操作播放器，一共三个键，"开始""暂停"和"结束"。这三个信号是可以自定义的，可以是言语信号，如提示语"开始""停""看这里""安静"等。也可以是非言语信号，如击掌、打铃、敲黑板、弹奏一种乐器、吹口哨、打响指、开关电灯等。我们一般主张混用这两种方法，比如说，先用非言语信号击掌两下，发出这个信号之后，做短暂的等待，让这个信号开始生效，然后再说出一个提示语"请安静""看这里"。

合作学习研究专家卡甘（Kagan）主张使用非言语信号，比如"提示卡"，要求小组保持安静就在桌子上放绿色卡片，黄色卡片表示小声一点，红色卡片则表示应该完全沉默，待到所有的学生默数到十，然后再重新开始讨论。

为使信号更为有效，我们还可以安排小组内的一名学生充当小组检查员，负责注意接收来自教师的信号，并确保小组立刻对信号作出反应。

以上我们讲了为什么在注意力管理中信号那么重要，讲了标准化信号的种类和使用方法。你可能要问，信号很重要，我们在课堂上都会使用信号，可为什么非要把信号"标准化"？

我这里所说的标准化，主要是指教师要明确向学生宣布信号的含义，"开始""暂停""结束"的信号到底是什么，言语和非言语信号到底是什么，都要向学生表述清楚。不过，这还不是完全的标准化，这只是标准化的起点。真正的标准化要做到信号的"一致性"和"一贯性"，以防止信号混乱。所谓信号的"一致性"是指，无论由教师发出信号，还是由学生发出信号，都应该是一致的。比如说，结束讨论，教师使用"击掌两下"作为非言语信号，那么由学生来宣布结束讨论，也应该使用这一信号；所谓"一贯性"是指，既然宣布了信号，就轻易不做变更，如果每次使用不同信号或者让同一信号代表多种含义，那就是"信号混乱"，这只会增加课堂混乱的发生概率。

条件允许的话，最好同一个班的不同学科教师都能使用同一个信号系统，这会放大信号系统的威力。

课堂预告

在课堂学习开始之前就要发出预告，这叫作给出"公开条件"。事先作出三项预告：学习目标、检测方法、教学流程。举个例子，我们可以在上课前这样预告："同学们，今天的课通过合作学习，我们应能完整地翻译《卖油翁》这篇课文，课后我们有个书面小测试。今天的课主要有三个任务，首先是自学并完成学习单，然后是小组合作学习，最后还要向全班汇报展示。"

这段预告中，公开了学习目标"通过合作学习，我们应能完整地翻译《卖油翁》这篇课文"；公开了检测方法"课后我们有个书面小测试"；公开了教学流程"今天的课主要有三个任务，首先是自学并完成学习单，然后是小组合作学习，最后还要向全班汇报展示"。

为什么上课前要作出这样的预告？而且要特别预告合作学习的环节？主要是为了告诉学生应将注意力投向哪里，投向那里的话会取得什么样的成效或获得什么样的结果。

除了在上课前要预告，在教学活动中也要预告，尤其是一个内容和另一个内容之间的转换环节，特别容易使人迷惑，所以要通过改变声音或用过渡语来预告接下来的内容，比如"总而言之""刚才我们讲了第一个原因，现在我们讲第二个原因……"，过渡语是风向标，预告了未来的方向。

教师还可以使用更多的预告语，让学生对即将到来的挑战有所准备："这里有一个让人头疼的问题，我们来看看大家会怎么解决这个问题。"或制造悬念："那么，你们认为下一步会发生什么呢？"

这里还要特别强调的是，每次开展合作学习之前，应该预告合作学习流程，我们可以这样说："同学们，关于灰姑娘的人物性格这个问题，大家已经独立思考过了，现在请大家准备小组讨论。这次小组讨论我们采用轮流说的方法，每个小组成员依次说，一名同学在说的时候，其他同学不能插嘴，只能倾听。"

教师的每一次预告性语言都应该是毫不含糊的，以避免可能出现的不确定性。

为了节约学生的注意力资源，除了刚才给大家介绍的方法外，还有两点要提示大家注意：

一是合作学习的时间不宜太久，用于学生的主体性活动时间超出一堂课的三分之一，学生的注意力水平就会下降。当你发现学生已经没什么可以讨论了，就要及时喊停，以防止学生因感觉无聊而发生纪律问题。

二是教师本人不应成为学生注意力的干扰源，这就要有意识地忽略细小而且转瞬即逝的不良行为，不要急于对每个课堂小问题都进行干涉，因为这样的干涉可能比问题本身更具有干扰性。

课堂中出现了教师不得不出手干预的纪律问题，常常起因于注意力资源稀缺。教师使用好标准化信号和作好课堂预告，就能有效防止学生注意力涣散。两大注意力管理的要领，你掌握了吗？

三、如何防止"搭便车"？

在课堂里使用合作学习，一个潜在的风险就是容易产生"搭便车"的现象。教师一声令下"开始讨论"，小组成员们七嘴八舌地说开了，这时你会发现，小组成员们的参与一定是不均衡的，若干个"麦霸"主宰着小组讨论，而更多成员则沦为"听众"，这已经是一个"不正常"的正常现象了。难怪合作学习专家们会将"个体责任"视为合作学习的一大要素。

在让更多学生参与课堂活动方面，合作学习是有优势的。可是，形式化的小组讨论，学生的参与率并不一定高。这是因为在一般的小组讨论中，学生的互动是"无组织"的，优生在小组内是最活跃的，他们参与的机会远远多于其他学生，他们占据了小组讨论的主动权；而学困生则因为基础薄弱，思维的敏捷性、深刻性稍逊，导致他们的参与性和主动性都比较欠缺，他们在组内处于从属和被忽略的地位，要么保持沉默，要么早就走神做别的事去了。所以，无组织的小组讨论实际上加剧了"两极分化"，在一定程度上剥夺了学困生学习的权利。

社会心理学的研究表明，在群体活动中，如果成员没有明确的责任，就容易出现不参与群体活动、逃避工作的"责任扩散"现象。为什么三个和尚没水喝？道理很简单，责任扩散了。

在群体中，人有时候会放弃独立思考。这是为什么呢？人是社会性动物，这就决定了人类生活会处在个人价值取向和社会要求取向的紧张冲突关系中。大多数个体在社会生活中总期望达到两个目标：一是确保自己的意见是正确的，二是通过不辜负他人的期望来赢得他人的好感和认可。而当个体发现自己的行为和意见与群体不一致或与群体中大多数人有分歧时，会感受到压力，这促使个体倾向于与群体保持一致。

因为存在着以上潜在的风险，合作学习研究者们提出了不少增强个人责任感的方法。

（1）角色互赖。在小组活动中，让每个组员都担当特定的角色，并且让每个角色在小组内都成为不可或缺和不能替代的。平时，教师还要对小组角色进行一定的训练，以帮助学生形成角色意识。那么小组内应该设置哪些工作角色呢？一般的建议是：

组长。主持小组活动，负责小组日常事务。

监督员。负责控制噪声，制止违纪现象，督促小组成员专心学习。

记录员。负责记录小组讨论结果，撰写小组发言提纲。

统计员。负责记录、统计、公布个人和小组成绩。

检查员。负责检查成员对知识的掌握程度，确保成员参与学习活动。

协调员。负责调解组内、组间纠纷。

（2）责任承包。将小组活动的总任务分解成若干子任务，每人承担一个子任务。小组完成总任务的质量取决于每个子任务的质量，比如，小组要准备一份关于环境污染的报告，可以由不同的组员分别完成以下分报告：水污染、空气污染、噪声污染、光污染等，并合作完成一份完整的环境污染报告。

（3）随机提问。随机提问是消除"搭便车"现象的一种立竿见影的方法。在小组讨论后，教师采取随机提问的方法，可以让每个组员都有机会代表小组汇报学习结果或展示活动成果，这么做能显著提升小组成员的个人责任感。任何小组成员只要不参与小组活动，就可能无法回答提问，整个小组就有可能得到差评。

为体现随机性，建议使用抽签的方式进行提问。还可以制作各种好玩的抽签工具来实现真正的随机。比如，教师可以在每个小组安排一名举手员，由这名学生代表小组举手，教师选中某个小组，再从这个小组中随意挑选一名学生发言。如果随机提问，而学生回答不上来，教师可以请该学生所在小组的其他成员帮忙，以体现小组中的合作精神。

合作学习研究专家卡甘研发了编号共同学（Numbered Heads Together）的策略，这是一种结构化了的随机提问的方法：

1. 组成四人小组，每一位成员都有一个编号，如 A、B、C、D。
2. 教师向学生提问，学生独立思考，并将答案写在纸上。
3. 小组成员共同讨论，对答案达成共识。
4. 教师随机抽取一个编号，由每组与此号相对应的同学依次阐述他们小组对问题的解答。

卡甘认为，编号共同学之所以有效，主要原因有四：一是小组成员共同讨论以形成最佳答案，他们的目标是一致的，这一点体现了积极互赖的原理；二是每位成员都需要通过独立思考形成自己的观点，从而对小组作出贡献，这体现了人人尽责的原理；三是每位成员都需要思考、发言和倾听，体现了平等参与和同时互动的原理；四是随机抽取某编号的成员阐释小组的观点具有一定的公平性，能鼓励每一位学生都作好准备。

（4）独立测试。在学习过程中，教师应鼓励小组成员互相帮助，但在检查小组的学习成果时，要让每个学生都独立完成测验，并且通过综合每个学生的测验成绩来评价小组的活动。在这种评价体系下，任何人都无法以小组为掩护来逃避自己的学习责任。

以上介绍的这些方法之所以可以显著地增强个体责任，按照社会心理学的解释是因为这些方法蕴涵着群体间促进个体责任的两条共同原则，一是"体现个人的价值"，二是"利用群体压力"。

四、时间不够用怎么办？

经常有教师问，开展合作学习时间不够用怎么办？我认为，并不是开展了合作学习时间不够用，而是总的来说教学时间就是不够用，而合作学习还格外耗时间。

不过，把时间花在重要的事情上是值得的，让学生自主学习、合作学习和探究学习，这些都很花费时间，但是花得值。我们可能需要区分一下"浪费"时间和"花费"时间，我们应该反对浪费时间，而不是花费时间。

什么是浪费时间？比如说，今天这堂课根本不应该使用合作学习进行教学，但偏偏搞点形式主义给领导看，这叫作"行为艺术"，肯定浪费时间；假如你没能很好地掌握合作学习的操作技术，指导和监控不力，导致时间不够用，那也是在浪费时间。

在教学活动中，时间一向是衡量教学成效的一个重要变量，也是衡量合作学习成效的重要变量。根据合作学习研究专家哈尼施费格和威利（Harnischfeger & Wiley，1976）的学习时间模型，我们可以将合作学习时间分为以下五种类型：实用时间、安排时间、参与时间、专心时间和收获时间。

（1）实用时间是指教师开展合作学习所花费的总时间，包括合作前的准备、合作过程以及后续学习所花费的时间总和。假如合作前的准备时间过长，或者后续处理合作学习过程中发生的问题的时间过长，都是为合作学习所花费的不必要的时间成本，可以被认定为"浪费"。不过，如果合作学习之前的准备不足，学生对要合作学习的内容缺乏了解和独立思考，那么合作学习过程中的互动质量也会很低；如果合作学习活动后续没有教师点评或学生自评，那么可能会影响之后的合作学习活动的质量。

（2）安排时间是指将实用时间中的准备和后续活动去除，教师在课堂中仅仅用于合作学习的时间。安排时间要小于实用时间，这是实打实的合作学习的活动时间了。可是，如果安排的时间过长，容易导致学生倦怠，那是在浪费时间；或者时间过短，学生还没有充分展开就草草收场，这也是在浪费时间。

（3）参与时间是指在合作学习过程中，学生交流、讨论和探究的实际时间。参与时间小于或等于安排时间，教师给了合作学习的安排时间，可是学生并没有参与进来，这会导致时间浪费。

（4）专心时间是指在合作学习中，学生积极有效地投入时间。虽然学生参与了，可是他们的专注度不够高，依然可能浪费了时间。我们常常说的假合作学习，主要就是指虽然学生都参与了，每个小组成员都发言了，可是学生对讨论话题的兴趣索然，发言时的思维含量很低，深度学习没有发生，那么合作学习的时间也可能被浪费了。

（5）收获时间是指在合作学习中，学生获得了成功体验的专心时间，也就是合作学习活动中有多少时间让学生有了"获得感"。最理想的状况当然就是合作学习的每分钟都让学生有获得感。

合作学习的五个层次的时间量是依次递减的，安排时间预先决定了合作学习的参与时间，即给出了参与合作学习的机会；参与时间的利用及管理又直接影响专心时间的效果；只有提高学生专心学习的时间才有可能最大限度地获得收获时间。

我们衡量一堂合作学习的课，就要具体观察每种时间的长度，以及这五种时间的合理分配及管理，尤其是后三种时间的实际效用。

了解合作学习时间的五种类型，便于我们进一步认识到合作学习中的一个重要命题——流逝时间，也就是"时间去哪儿了"的问题。布鲁姆（Bloom，1974）对"流逝时间"的解释是，所有无益于学生专心学习，以致无法获得成功体验的行为所浪费的时间。

我们稍小结一下：在实用时间环节，如果合理安排准备和后续活动，可以控制流逝时间；在安排时间环节，要控制合作学习时长，过长或过短都是浪费时间；在参与时间环节，缺乏合作学习策略或策略使用不当，会导致参与率低下；在专心时间环节，需要讨论的问题缺乏吸引力容易造成流逝时间；在收获时间环节，不同水平和不同类型的学生都能获得成就感，这是合作学习效益最大化的表现。

合作学习的时间投入是一种机会成本的投入，也就是说，你把宝贵的时间用于合作学习活动了，那么其他活动的时间势必就要削减。所以，合作学习更要注重教学设计，这也是我们学习这本书的原因。

不过，有一些时间看上去是被浪费了的，实际上却是必要的"浪费"，那就是对学生进行相应的合作学习适应性训练，这些训练一开始看上去挺花费时间的，可是磨刀不误砍柴工，训练好了可以让合作学习过程更为流畅。

比如说，时间感的训练就很重要。好多学生不知道三分钟有多长五分钟有多久，尤其是长期陷入被动学习的学生，他们一直缺少自主管理时间的机会。我们可以从最简单的开始，比如让他们猜猜三分钟有多长，猜中了有奖；平时，即使是最简短的独立学习，也要预先设定时间，每隔三分钟报时或发出声音信号，由此表示时间流逝。此外，我们还可以让学生自己估计某一学习活动所需要的时间，从而提高学生的时间管理能力。在日常教学中，教师应该鼓励小组提前完成任务，并给予他们额外的奖励。

又比如声音练习，因为学生们平时可能不太习惯使用低声说话，这就需要日常训练。我们可以把课堂交流的声音分为三档，第一档是耳语，用于两人之间的交谈；第二档是4~6人组交流，讨论时的音量以其他小组听不见为宜；最大声应该是全班交流，要保证让班级每个角落的同学都能听到。

再比如说，合作学习策略和合作技能的训练很重要。如果缺乏这方面的训练，教师下达合作任务后，学生往往不知所措，启动也会很慢，白白浪费了时间。关于合作学习策略和合作技能方面的内容，我们在第三讲中着重介绍。

五、如何控制课堂纪律？

合作学习是一种放手让学生自己学习的教学方式，但是"放手"并非不管不问，对于自控力还不是很强的中小学生来说，管控是必需的。一些教师很难适应合作学习，往往也是因为缺乏合作学习所需的课堂管控的专业技能。

传统课堂的管控相对比较容易，其同步性、同时性强，强调统一纪律，这便于教师进行课堂观察，只要稍有与班级群体不一致的行为，差不多一眼就能看到。哪些学生注意力不集中，哪些学生违反纪律，注意观察的教师都能识别，相应地给出干预措施也会很及时。但是合作学习的课堂管控难度比传统课堂更大。

优秀的课堂管理者，他们总是知道课堂里正在发生什么，而且他们还有意让学生知道自己什么都知道。这一点对于教师组织和实施合作学习极为重要。

教师总是知道课堂里正在发生什么。只有对班级动态了如指掌，才能对课堂里出现的问题作出及时反应，把大部分尚未发生的问题消灭在萌芽状态。有些厉害的老师带班总是风平浪静的，不一定是这个班本身没有什么问题，而是带班老师洞若观火，对班级情况了如指掌。而有些教师却后知后觉，往往对课堂动态缺乏有效的观察，直到小问题变成了大争端才去处理，而处理的时候，又缺乏专业技能，导致处置不当，反而引发了更大的问题。

合作学习要求教师具备课堂观察力，能对班级动态进行有效、实时监控。能成功管控合作学习的教师，会不停地对课堂动态进行"扫描"，而且他们好像背后长着眼睛，总是提前预知课堂里即将发生什么，恰到好处地对可能出现的意外作出反应。

教师的课堂"扫描"到底要观察什么？研究者们建议课堂观察主要集中在以下方面：

（1）学生的学习和表现。学生在合作学习时，教师要观察学生是否正在学习相关内容，是不是偏离了主题；还要关注学生是否理解和掌握了相关内容，防止合作学习未指向学习目标的达成。

（2）思维水平。合作学习经常发生在需要高水平认知的活动中，教师要关注学生在合作学习中所表现出的思维状况，并予以及时鼓励。

（3）合作技能。合作学习是建立在合作基础上的学习方式，教师要观察学习过程中学生是否能利用他们所学到的合作技能，比如是否倾听，是否鼓励他人参与，是否赞美他人，是否向他人表示感谢，等等。

（4）投入度。观察学生是否高度投入到学习任务中，是否表现出对获取新知识的渴望，也就是学生的参与时间、专心时间和获得时间是否充分。

（5）合作学习策略。通过观察学习过程，教师应能评价学生是否正确运用合作学习策略来完成学习任务，比如教师要求学生使用"切块拼接法"进行合作学习，那么就要观察他们使用这一策略是否达到了预期的要求。

从理论上说，在合作学习过程中，就要对这五个方面进行全面的观察和实时监控，但是全面扫描和观察实际上是困难的，也是没有必要的。因此，我们主张教师根据课堂实际情况，有所侧重。比如说，学生刚开始接触合作学习时，教师尽量多观察"合作技能"和"合作学习策略"这两个点；对年龄小的学生可能要多观察"学生的学习和表现"。

教师对学生进行有重点的课堂观察，是为了在发生问题时能及时干预，以确保合作学习的有效性。所以我们一般建议教师在课堂观察时，要抓薄弱环节，也就是说，你估计学生在哪些方面比较差，哪些方面需要提升，那么你的观察重点就放到哪里。

但这里要提醒大家特别注意，教师一般不要随意介入学生的学习过程。在合作学习中，有的教师喜欢参与小组讨论，还主动帮助学生解答问题，那叫"越俎代庖"，容易干扰到正常的合作学习进程。如果稍有耐心的话，你就会发现合作小组往往能以自己的方法来解决问题，而且方案可能还不止一个。对于教师来说，选择什么时候介入和以什么方式介入，是教学艺术的一个重要部分。但要切记，即使是介入学习过程，也应当首先让小组自己去解决问题。

刚才我们讲教师要知道课堂上正在发生什么，更进一步，教师还要设法让学生知道自己对学生的学习状况都知道。

成功的课堂管理者会展示"共在"的证据：你总是知道课堂里正在发生什么，这会让学生觉得假如自己行为出现问题，是逃不过教师的火眼金睛的。有研究者发现，当学生们知道教师时不时在观察每个人，他们就更能保持注意力并投入学习中，而如果觉得教师无法掌握情况，这会使爱捣乱的学生更加肆无忌惮地捣乱。

所以，我们一般建议在合作学习活动开始之前，教师要将自己的观察和监控点告诉学生，我们可以这样说："同学们，一会儿我们要使用内外圈进行合作学习，我提示大家三点，第一点要注意倾听；第二点要按顺序发言，内圈说完后外圈才能说；第三点，我击掌两下大家就要暂停。好，下面开始……"

学生开始活动时，教师要进行"走动式"管理，蹲下身倾听小组讨论，让学生看到你正在仔细观察他们。活动结束时，你还要作点评，点评时最好能说出学生活动过程中的行为细节，表扬和批评都要很具体。而且，最好你的点评能呼应你活动前向他们宣布的观察监控点，你说了三条要求那就要对这三条要求的执行情况作点评，这会增加你的权威性。

合作学习虽然是放手让学生自己学习，但是在课堂管控方面，教师是不能弃权的。

思考与练习 ＞ 1. 完成"小组建设任务单"，对自己的班级进行混合编组，并确定小组角色。

2. 制定一套标准化信号，并向学生正式发布。

3. 记录一堂合作学习的课，看一看哪些环节和细节是在浪费时间，浪费了多少时间。

第3讲 ┃ 学会合作

学 习 目 标 ＞ 1. 了解学生不善于合作的原因及其对策；对学生进行合作技能的训练，并使他们了解常用的合作学习策略的重要性。

2. 了解合作技能的种类及教授合作技能的六个原则与方法：（1）详细明确；（2）小步骤；（3）过度练习；（4）集中练习；（5）高质量反馈；（6）游戏化。

3. 知道使用合作学习策略的必要性；了解国际上通用的合作学习策略；了解卡甘在合作学习结构方面的杰出贡献。

一、为什么孩子们不善于合作？

早在 1996 年，联合国教科文组织把"学会做人、学会做事、学会合作、学会求知"作为 21 世纪教育的四大支柱，而且世界上各个国家都将"学会合作"作为一项核心素养。

有研究表明中国学生的合作素养有待进一步提高。

由经济合作与发展组织（OECD）开展的国际学生评估项目（PISA）于 2015 年引入了对学生合作问题解决能力的评价。有中国学者（王洁，2018）基于 PISA2015 年的数据库对我国北京、上海、江苏、广东四省市的 15 岁学生的合作问题解决能力进行分析后发现，虽然中国四省市学生的平均得分（496）在 51 个参测地区和经济体中排名第 20，但与最高得分的新加坡（561）和日本（552）差距较大；与中国的香港（541）、澳门（534）和台北（527）也存在显著差异。四个省市中仅有 6.4% 的学生具有高合作能力，远低于新加坡（21.4%）和日本（14%），也低于 OECD 的平均水平（7.9%）。参测的四省市，无论经济发展还是教育水平，在我国均处于领先地位。我国教育发达地区学生的合作问题解决能力尚且如此，推至全国范围，不难想象，中国内地学生的合作问题解决能力的发展状况令人担忧。

表 3-1　合作问题解决精熟度的四水平描述

水　平	分数范围	学生可以做什么
4	大于等于 640 分	水平 4 的学生可以完成复杂的合作问题解决任务。他们能够解决复杂的带有多重限制条件的问题，记住相关的背景信息。这些学生能够意识到团体动力并且采取行动来保证组员们遵循所达成的共同准则来解决问题。同时，他们还可以监控问题解决的进程并且认清障碍和分歧。水平 4 的学生积极主动地克服障碍，解决分歧和冲突。对于呈现的任务，他们能够平衡合作以及问题解决的各个方面，明确解决问题的最有效途径，并采取行动。
3	540~640 分	水平 3 的学生可以完成复杂的问题解决任务或者复杂的合作任务。这些学生可以完成需要整合多方信息的多步骤的任务，通常这些任务是复合的动态的。他们在团队中协调不同角色并且能够明确特定组员为了解决问题所需要的信息。水平 3 的学生可以明确解决问题所需要的信息，向恰当的组员提出要求，并且鉴别所提供的信息是否正确。当产生冲突的时候，他们可以帮助组员进行协商。
2	440~540 分	水平 2 的学生可以合作解决一个中等难度的问题。他们可以通过与其他组员沟通需要采取的行为来帮助解决一个问题。在其他组员没有明确要求的情况下，他们可以主动提供信息。水平 2 的学生明白不是所有的组员拥有相同的信息而且在互动中可能会产生分歧。他们可以帮助组员建立有关解决问题步骤的共同理解。他们能够征集解决问题所需的其他信息，并且征求组员对于所要采取行动的认同。水平 2 中较高能力的学生能够带头去提出一个解决问题的合理建议或者提出新的方案。

水　平	分数范围	学生可以做什么
1	340~440 分	水平 1 的学生可以完成较低难度的问题解决以及进行不太复杂的合作。他们可以提供所需要的信息，并且在被提示之后也能够采取行动制订计划。水平 1 的学生可以确认其他组员的行动或者提议。他们常常聚焦于团队中自己的个人角色。在处理简单问题的时候，他们可以在其他组员的帮助下找到一个解决问题的方法。

资料来源：PISA2015Result：Collaborative Problem Solving（Volume V），P74 Figure V.3.5。

为什么我国学生合作素养总体水平不高？徐冠兴等撰写的《合作素养：21世纪核心素养 5C 模型之五》一文认为，一个重要的原因是我国学校教育较为忽视学生之间的合作，即使开展合作学习，也是表面化的，缺乏实效。

在我国新世纪基础教育阶段课程改革的各类政策文件中，"合作"二字出现的频率不可谓不高。不同学科的课程标准也都不同程度地提及了"合作"，倡导教师通过小组合作的方式，发展学生的合作学习能力。然而，在具体教学实践环节，真正将合作学习落到实处，并进而将"合作能力"培养提上日程的学校和教师却远远不足。在一些学科教学活动中，"合作学习""小组合作"等往往成为部分成绩优秀学生的独角戏，其他学生因为种种原因不能很好地融入小组活动中，最终，合作学习被形式化、口号化，实效性亟待提升。

除了课堂中的合作学习本身存在问题，缺乏足够的培养和训练也是学生合作素养不能有效养成的原因。国外的多项实证研究都表明，提供明确的合作技能和合作学习策略的教学，包括学习公平地分配任务、鼓励团队成员对自己的工作负责、使用合适的社交技能以及分享资源等，能够显著提高学生团队合作的能力，且效果持续的时间较长。经过有目的、系统的合作学习训练和小组实践，学生的倾听、对同伴的鼓励、得体表达不同意见以及解决争端等合作技能都获得了显著提升。而如果不进行相关培训，仅将任务分配给学生，不施加任何干预措施，学生的合作能力则不会提高。

那么，为了让学生学会合作，我们应该学习和练习哪些内容呢？下面主要给大家介绍如何教授合作技能和合作学习策略。从合作学习的角度看，所谓

"学会合作"主要就是学会了合作技能和合作学习策略。

二、如何教授合作技能？

流行歌曲《心太软》中有一段唱词令人印象深刻："你总是心太软心太软／把所有问题都自己扛／相爱总是简单相处太难／不是你的就别再勉强。"

相爱为什么总是简单？因为恋爱是人类本能啊；相处为什么那么难？因为相处就是在与对方交往和合作，要做到能与他人和谐相处，这不是本能使然，而是后天学习的结果。

培养学生的合作素养，不仅要让学生愿意合作，还要使他们会合作，具备与他人合作的基本技能。我们平时倡导师生合作，那是"道"的问题，而如何合作，涉及具体方法层面，大约就是所谓的"术"吧。

合作技能有很多，我们应该教给学生哪些主要的技能呢？美国青年研究中心对合作技能进行了总结，将其归纳为三种类型：

第一类是组成小组的技能。包括向他人打招呼问候、自我介绍与介绍他人等。

第二类是小组活动的基本技能。包括表达感谢与对感谢的应答、注意听他人讲话、鼓励他人参与和对鼓励参与的应答、用幽默的方式帮助小组继续活动等。

第三类是交流思想的技能。包括提建议与对建议的应答、询问原因与提供原因、有礼貌地表示不赞同与对不赞同的应答、说服他人等。

2019 年我有幸去台湾地区参加合作学习研讨会，台湾地区推行合作学习已有九年，我认为在某些方面的提法和做法值得我们关注。台湾合作学习专家团队建议教师在课堂里应该教授的合作技能一共包括十项：（1）专注；（2）倾听；（3）轮流发言；（4）掌握时间；（5）切合主题；（6）主动分享；（7）互相帮助；（8）互相鼓励；（9）对事不对人；（10）达成共识。

为什么有些合作学习的课上得不够好，不像合作学习的样子呢？如果仔细观察就会发现，这些课堂有个通病，就是教师不注重学生合作技能的培养，课堂交往活动中师生的行为很"粗鲁无礼"，合作学习没有建立在"合作"的基础之上。

既然课堂中教授学生合作技能如此的重要，那么教师应该如何教才有效？教授合作技能应遵循以下六个原则。

详细明确原则

教师要向学生详细说明每一个合作技能的具体表现、使用条件以及使用方法。不能对学生泛泛而谈，不能只提要求却不交代具体做法。比如教学生"倾听"，就要教这样几个动作：当伙伴在小组发言时，你要注视对方，不能看别的与小组学习无关的东西，也不能摆弄文具用品；你一边听一边要有所响应，比如点头、微笑、皱眉等；对方说到重要的内容，你要适时地做好笔记。

教师把要领讲得越明确，效果越好。再比如，教学生向他人"表示感谢"，就应明确地告诉学生：

（1）在以下情况下，你应向他人表示感谢：受惠于他人；享受到他人对自己的服务；给对方添麻烦；受到对方格外关照；对方按自己的要求完成相关事项；成员为小组、团队或集体作出贡献。

（2）向他人表示谢意的词句："谢谢""感谢您""多谢您""十分感谢""万分感谢""我应该感谢您"等。

（3）向他人表示谢意的表情和动作：按照表达谢意的强烈程度，依次可以是——在口头表示谢意的同时点头微笑、抱拳、拍对方肩膀、鞠躬、拥抱、双手合十然后鞠躬等。

美国的约翰逊兄弟提出了一系列小组合作技能，主要包括：

（1）我是批判观点，而非针对个人。

（2）鼓励每个人都参与。

（3）如果我没理解，我要求重复。

（4）我在改变立场时，必须有充分的理由。

（5）我们都是小组中不可或缺的一员。

（6）我倾听……即使我不同意。

（7）我试图全面地理解观点。

（8）先把所有的观点提出来，然后再分析综合。

这里我要建议大家，要借助言语和非言语行为对某一项合作技能进行操作性地界定，使学生明确每一项合作技能所包括的言语和具体行为。T形图正是阐述合作技能的一个方法。例如，教师提出某一项技能（如"鼓励参与"），然后让学生说出"怎样做"和"怎样说"，最后教师综合每位学生的观点，列出一份T形图让学生进行对照（见图3-1和图3-2）。

举止	言语
微笑点头 眼神交流 伸出大拇指 轻拍后背	你的观点是什么？ 真棒！ 太好了！ 这很有趣呀！

图 3-1　约翰逊兄弟关于"鼓励参与"的 T 形图

言语技能	非言语技能
1.谢谢你的分享，我很赞同你的大部分观点，其中有一点，我们可以再商讨一下。 2.你的发言很清楚，我有一点小建议，咱们可以交流一下。 3.应答：谢谢你的指正，我从中收获很多。	1.微笑点头。 2.为对方竖大拇指，发表不同观点时，可以举手示意。

图 3-2　淄博高新区实验小学关于"表示异议"的 T 形图

小步骤原则

教师在一段时间内只能强调和安排练习一至两个合作技能，不要让技能学习超过学生的承受力。一些合作学习实验学校将合作技能的学习做成了课程，全校一起教一起练，这就特别好。比如某个阶段主要学习"倾听"，全校师生都来练习。这样的学习模式，能起到事半功倍的作用。

合作学习研究者卡甘建议教师设立一个"社会技能周"，在某个星期内用四种方法促进技能的获得。这四种方法是：

（1）通过反复不断地组织和调整，将所要强调的合作技能统合起来。

（2）在小组中分配角色，教会学生与这些技能相关的语言回答方式。

（3）强化所学技能，使之模式化。

（4）使学生检讨和评价他们自己对技能的运用情况。

过度练习原则

合作技能按熟练程度可分为"初级技能"和"技巧性技能"。初级技能只是"会做"某件事，而未达到熟练的程度。初级技能只有经过有目的、有组织的反复练习，动作才可能趋向自动化，才能达到技巧性技能阶段。技能学习一定要过度练习，形成肌肉记忆，就像卖油翁的技能，"无他，惟手熟尔"。

集中练习原则

如果条件允许，最好在正式开展合作学习之前就进行集中的合作技能训练。一些富有经验的教师认为，基本的合作技能训练时间在一个月左右为宜，且训练应贯穿于每堂课，频率为每节课十分钟。

集中练习十分重要，那怎么训练才有效呢？约翰逊兄弟推荐了一种系统的技能学习方法。他们认为合作技能的集中训练需要经过五个步骤：

（1）要使学生对所需要的技能有一个清晰的认识。

（2）要使学生理解怎样及何时使用这些技能。

（3）要给学生提供练习的机会，使他们掌握这些技能。

（4）要经常让学生反馈使用技能的情况。

（5）要保证学生不断地实践这些技能，直至达到内化的程度。

高质量反馈原则

佛罗里达州立大学心理学教授艾利克森在他的学习心理学著作《刻意练习：如何从新手到大师》中说："没有正确方法而反复去练习，会让我们停滞不前，并且使能力水平缓慢下降。"他还说："除非你有专门的恰当的练习方法，否则即使加倍努力也不会有大的进步。"

为此，他强调要尽可能找到这个领域中最优秀的专家，目的是能够让我们和这个领域高水平的心理表征进行对比，获得高质量的反馈。所以，合作技能的学习，教师是关键，教师应该成为交往和合作技能领域内的专家和示范者，并通过高质量反馈，确保学生合作技能的有效学习。

游戏化原则

技能方面的学习都有点枯燥乏味，合作技能的学习也不例外。因此要用游戏或渗透游戏元素来进行练习。约翰逊兄弟主张采用"角色扮演游戏"，让学生体验不会运用合作技能和会运用合作技能所带来的不同结果，从而使他们体会到合作技能的重要性。

下面给大家介绍两个小游戏作参考，这些例子来自本阿兰娜·琼斯的《美国学生游戏与素质训练手册》。

游戏一：疯狂的句子

目标：让参与者学会倾听。

目标说明：在解决一个艰难的问题或执行一项复杂的指令时，倾听细节是非常重要的，因为有时这些细节包含了大量重要的信息。认真听一个人说话，并听清楚每一个词语并不是一件容易的事。有时候我们还要用眼睛去"倾听"，观察说话者的肢体语言、面部表情和眼神，以此获取我们需要的信息。你搜集到的细节越多，听到的内容就越多，也就更容易理解谈话的内容。

规模：至少四人。

材料：纸、钢笔或铅笔、两把椅子。

游戏介绍：在游戏开始前，编写十几个句子，句式完整，语法正确，但是内容奇特，用词随机，然后把编好的句子写在一张张小纸条上。举几个例子："蓝色的奶牛遍布月球。""早餐吃蜘蛛和毛毛虫有益健康。""圣诞节那天天花板上挂满了皮筋。"发挥你的创造力，编造出更多这样的句子。

游戏开始前，在房间前面摆两把椅子。开始游戏时，选出两个组员，让他们坐在椅子上。给每人一张写有疯狂句子的纸条，两个玩家各自读懂自己纸条上的句子，然后开始对话。玩家在谈话过程中要陈述自己看到的句子，这个游戏的目的就是在让对方猜不出句子内容的条件下，把句子插到对话中。你可以给他们一个话题，比如钓鱼、乡村音乐、保龄球、买鞋，或者其他与句子无关的话题，然后让组员们开始谈话，将他们的时间限制在1~2分钟。在时间到了后，让观众猜测这个古怪的句子是什么，猜对的人可以参加下一轮的游戏。

游戏讨论题：

1. 你要怎样做才能猜出这个疯狂的句子？

2. 在什么情况下，你会使用你的倾听技巧？为什么？

3. 在什么情况下，运用你的倾听技巧很重要？

游戏变动：每个玩家可以讲一个故事，取代两人的交谈。这个游戏可以三个人同时进行谈话，也可以团队进行游戏，每个团队为其他团队编造句子，让他们利用这些句子讲故事。

游戏二：数衣服夹

目标：让参与者学会不插嘴。

目标说明：打断别人讲话是很不礼貌的，而且这不是一个好习惯。但很多孩子都有这个不好的习惯，因此必须及时改正，否则他们长大后还会保持这个坏习惯。在这个游戏中，参与者需要格外努力地保持良好的沟通技巧，有些孩子尤其需要注意不能打断他人讲话。

规模：至少三人。

材料：一袋衣服夹，各种游戏材料。

游戏介绍：选一个小组可以一起玩的游戏（最好是能坐下来玩的棋牌游戏或者猜谜游戏）。在讲解游戏规则之前，给每人发两枚衣服夹，夹在衣服上。告诉组员，游戏中每个人的任务就是保住自己衣服上的衣服夹。任何人发现他人交流方式不恰当，都可以抢走他的衣服夹，比如打断他人谈话、插话、说话不礼貌或不合时宜、没有认真倾听（把注意力都用在怎样抢别人的衣服夹上）等。

根据组员的能力水平，可以适当增加规则，并一定要由指导者评定某组员是否该罚。解释完衣服夹规则后，你还可以讲解一些你选择的游戏的规则，然后开始游戏，衣服夹规则可以继续适用于讨论环节。作为附加奖励，你可以为得到衣服夹最多的组员提供一些奖品。

游戏讨论题：

1. 你因为什么失去了你的衣服夹，或者保住了你的衣服夹？

2. 为什么有些人总是打断别人讲话？

3. 有人打断你讲话时，你是什么感受？

4. 为什么不能打断别人讲话？

5. 你要怎样才能避免打断他人讲话或插话？

6. 你怎样向别人表示你正在认真听他讲话？

以上介绍了教授合作技能的基本原则，分别是：详细明确原则、小步骤原则、过度练习原则、集中练习原则、高质量反馈原则、游戏化原则。

三、合作学习为什么讲套路？

我们已经知道，从合作学习的角度看，所谓学会合作主要是指学会基本的合作技能和合作学习策略，我们已经讨论了合作技能的教授，接下来我们谈谈教授合作学习策略，也就是合作学习的流程和规则问题。合作学习策略也被称为"脚本"或"结构"。

很多人有误解，以为学生们围坐在一起自由讨论就是合作学习，其实这种无组织地自由讨论，应该被称为"闲聊"而不是合作学习。闲聊本身没有什么问题，在日常生活中，人们通过聊天，漫无目的地说说笑笑，这就是真实而美好的世俗生活的一部分。有人认为，课堂里让学生闲聊很好呀，这是一种自由平等、自发自然地交谈，课堂应该成为孩子们聊天的乐园。

其实，早在19世纪末，自由的课堂讨论一度受到礼赞，在"即兴教学"的名义下，教师在课堂里让学生毫无约束地自由讨论。但是事实证明，这种缺乏指导、无计划、无目的的讨论，根本无法发展学生的知识和能力。合作学习研究专家们普遍认为，缺乏指导的合作学习会降低学习者在参与学习活动时的智力或思维层次。

合作学习的目的不是打发时间，也不是装点美好生活，合作学习要为实现教学目标服务，因此合作学习必须讲点"套路"。

套路只是一种通俗的说法，更精确的说法应该是"脚本"。脚本是学习心理学中的一个重要概念，类似于"支架"，给学习者提供结构化的支持。

学习心理学把脚本分为认知脚本（empiricist scripts）和社交脚本（social scripts）两类。认知脚本旨在引导学习者的认知过程，使他们更高水平地参与思维活动；而社交脚本则对学习者的交互行为进行指导和排序，从而促进学习。研究者认为"不同类型的互动有助于不同类型的学习"，然而"更高水平的学习"也需要学习者之间"更高水平的互动"。

在我们合作学习的设计中，多种多样的合作学习策略其实就是事先预设的脚本，要求学习者承担指定的角色并遵循规定的活动顺序，有时甚至参与特定的对话模式，促进交互会话的质量。好的互动模式使学生之间平等对话和交替参与，大量研究都证实，当学习者按照脚本的建议进行互动时，他们的收获比"无脚本"学习者更大。

合作学习自本世纪70年代初兴起以来，发展迅速，备受关注。合作学习研究专家们致力于研究其操作策略，也就是合作学习的"脚本"。据统计，仅在美国，合作学习策略目前就有不下数百种，这其中还不包括每一种方法的变式。这些策略和方法不是专家们拍脑袋想出来的，而是在学习理论指导下，经过大量实践研究验证出来的，下面我要介绍几种堪称经典的合作学习操作策略。

学习小组成绩分阵法

学生小组成绩分阵法（Student Team Achievement Divisions，STAD）由约翰斯·霍普金斯大学的斯莱文（Slavin）教授创设，由组成小组、内容呈现、小组练习、评价和记分、公众认可五个部分组成。它最适合于有标准答案的、目标明确的教学内容，像数学计算和应用、语言用法和技巧、地理和绘图技能以及科学事实和概念等。

小组游戏竞赛法

小组游戏竞赛法（Team Games Tournament，TGT）是约翰斯·霍普金斯大学德弗里斯和斯莱文教授设计的一种小组合作学习策略。运用了与STAD一样的教师讲授和小组活动，不同的是以每周一次的竞赛代替了测验。

切块拼接法

切块拼接法（Jigsaw Instruction Method）是由阿伦逊（Arosoh）在1978年设计的。切块拼接法分为材料切分、专家交流、知识拼接、公众认可四个环节。学生们想要掌握其他的学习内容，唯一的途径就是认真倾听其他小组成员的讲解。因而他们都具有相互支持的学习动机，并表现出对彼此作业的极大兴趣和关注，同时也提高了小组内部成员的独立性。这种教学策略后经斯莱文改造为切块拼接法修正型（Jigsaw II）。

共学式

共学式（Learning Together，LT）是由明尼苏达大学"合作学习中心"的约翰逊兄弟及其同事设计的一种小组合作学习策略。LT 要求学生在 4~5 人的异质小组中学习指定的作业单，小组共交一份作业单，依据小组的成绩给予表扬和鼓励。

小组调查研究法

小组调查研究法（Group Investigation，GI）是最成功的一种任务专门化的合作学习策略，其代表人物是特拉维夫大学的沙伦（Sharan）夫妇。

合作学习不是一般意义上的自由讨论，真正的自由讨论是要保证学生的"自由"，而这一保证来自规则和流程，又叫作合作学习策略，在学习心理学里被称为"脚本"，而在家常话里被称为"套路"。在下文介绍的赫赫有名的卡甘那里，叫作"结构"。

四、卡甘为什么了不起？

本节要隆重介绍卡甘。他将结构化的合作学习推到顶峰。

卡甘博士是合作学习研究和推广领域的代表人物之一，他从 20 世纪的 60 年代开始从事合作学习的研究，创办了合作学习研究机构——卡甘合作学习中心（Kagan Cooperative Learning Center），该中心主要进行合作学习理论研究和合作学习师资培训。

卡甘的主要观点是，合作学习的教学过程和方法必须被"结构化"。合作结构是一系列规定好的教学行为，这些教学行为用以组织学生之间、学生与教学内容之间、学生与教师之间的互动。卡甘认为，教师只要将特定的内容镶嵌到某种特定的结构中去，就能创造出一系列活动来。而所选择的教学结构在某种程度上决定了学生的学习效果。

卡甘所说的结构，其实就是合作学习策略或者脚本。因为合作结构是一种不受内容限制的合作学习"元策略"，它具有很强的变式效应，通过变化结构或内容，教师可以创造出不同的教学活动以得出不同的学习结果，从而适用于不同类型的教学任务。

卡甘清晰地区分了结构与活动，这一点让我深受启发。卡甘认为活动是传递内容的，而结构是不依赖于具体学习内容的，每一种结构都可用来生成一组活动，更确切地说就是"结构＋内容＝活动"。

教师的合作学习设计，其实就是将所要教授的内容添加到事先准备好的结构中去，这便于设计出明确的特定的课堂活动，而这一系列的课堂活动被组织起来，就构成了丰富的课堂教学。因此，合作结构不是传递具体内容的方式方法，而是超越学科内容之上的方式方法；不是一种要教的具体内容，而是教任何内容的一种工具。

以上，我们已经了解到卡甘在合作学习结构化方面的主要观点，现在讲讲卡甘的"发明创造"。卡甘一直致力于合作结构的开发与研究，迄今为止，他和他的同事已经开发了数百种步骤明确、超越具体内容、易学易用的合作结构。下面简要介绍三种卡甘最著名的合作结构。

小组陈述

小组陈述（Team Statements）的具体实施步骤为：

（1）确定主题。

（2）学生有大约30秒的独立思考时间并写下个人观点。

（3）四人小组中两两配对，学生与配对搭档共同讨论主题，彼此交流分享观点，并且认真加以记录。

（4）综合搭档的看法。

（5）两组搭档之间进行交流比较。

（6）进一步综合之后形成小组意见。

在小组陈述中，可以运用小组陈述记录单来综合意见，之后可以通过多种方式展示小组的观点，如将记录小组观点的纸张贴在墙上，也可采用实物投影的方式。

思考—配对—分享

思考—配对—分享（Think-Pair-Share）这种合作结构首先要求每位学生先就教师提出的问题进行独立思考，然后两两配对进行讨论，最后将讨论的结果与大家分享。具体实施步骤是：

（1）自己独立思考，形成自己的观点。

（2）配对学习，一对成员相互交换看法。

（3）四人合作学习小组中两两配对的同伴进行交换，每人把自己先前同伴的观点介绍给新配对的同伴。这一步骤也可采取学习小组中四人分享或全班分享的形式。

三步采访法

三步采访法（Three-step Interview）的具体实施步骤是这样的：

（1）在四人小组中组成两人配对小小组，然后以小小组为单位实施单向谈话。

（2）交换角色，谈话者成为受访者。

（3）小组成员共享谈话所获得的信息。

三步采访法要求每个学生都必须发言和倾听，体现了平等参与原则，对训练学生学会倾听这一重要的合作技能也大有助益。

以上我们介绍了国际上通行的、被广泛应用的那些经典的合作学习策略，特别还介绍了卡甘的贡献。

在国内，我们的团队在推行合作学习时，也是从介绍合作学习策略开始。在许多开展合作学习的课堂里，"坐庄法""三步采访法""叽叽喳喳法""切块拼接法""发言卡""内外圈""世界咖啡"等这些被定名的合作学习策略已经在师生中耳熟能详了。学生们学会这些策略，不仅能在课堂学习中使用，将来走上社会，他们也能把这些策略用于更为复杂的人际互动中。合作学习的脚本何尝不是人生的脚本？

　　这一讲我们的主题是教学生学会学习，这是我们在课堂中实施合作学习的基础和保障，合作技能和合作学习策略是合作学习的一对金翅膀。

思考与练习 ＞ 　1. 你还能举出学生不善于合作的例子吗？能说说原因吗？

　2. 了解了合作技能的种类，结合学生实际说说你认为最重要的三项合作技能，并绘制 T 形图。

　3. 在本讲列举的合作学习策略中，选择一种在课堂中使用，并说说自己的心得。

第4讲 | 实施原则

学 习 目 标 ＞ 1. 理解一堂好课的 3E 标准，并说出遵循哪些原则才能达到
3E 标准。

2. 能说出不同的学习类型、教学方式和合作学习策略之间
的匹配关系。

3. 理解为什么合作学习策略够用就好。

4. 能理解合作学习策略的多样化和游戏化的好处。

一、好课有什么标准？

这是一本讲解合作学习设计方法的小书，那就一定要讨论在课堂中实施合作学习的基本原则。课堂合作学习的原则虽然有其特殊性，但也要符合一般的教学原则。任何教学原则都是为"好课"服务的，对好课有不同定义，就会提出不同的教学原则。

关于什么是好课，美国犹他州立大学戴维·梅里尔（David Merrill）教授的观点得到广泛认同，他认为好课应符合"3E"标准，即具备效果（Effective）、效率（Efficient）、参与（Engaging）这三个要素。梅里尔对教学进行了长达 40余年的研究，提出了著名的五星教学原则和模式，最终都指向 3E 教学的总体目标。下面我来解读一下梅里尔的 3E 标准。

好课的第一条标准是效果好。

什么是效果？简单地说，效果就是教学目标的达成度，效果好就是教学目标的达成度高，反之则是效果差。

　　什么是教学目标？教学目标就是对学生学习结果的心理预期，也就是你上完一堂课，希望学生学到什么，学到什么程度。

　　教学目标在一堂课中的作用是显而易见的，目标可以改善学习者的学习表现，这是为什么呢？动机理论解释说：

　　（1）目标把我们的注意力引向即将到来的任务。

　　（2）目标调动了努力。目标越难以实现，在一定程度上人就越努力。

　　（3）目标增加了我们的毅力。当我们有一个明确的目标时，我们很少会分心或放弃，直至达到这个目标。

　　（4）当旧策略不足时，目标会促进新策略的形成。

　　好课的第二条标准是效率高。

　　什么是效率？效率就是速度快，省时间。简而言之，好课是"多快好省"的，教学目标达成叫作"好"，省时间就是"快"。比如说，某个教学目标平常需要两个课时完成，而你只需要一个课时完成，又好又快，当然就是好课。在这点上，梅里尔的观点是："花更短的时间解决问题；花更短的时间学习一项技能。"课堂中开展合作学习，时间一直都是一个颇让人纠结的问题，毕竟只要发生人际互动，就要按流程来，照脚本上，这就有可能花费比独自学习更多的时间。因此，设计教学时就要考虑将合作学习用在刀口上。

　　好课的第三条标准是参与度高。

　　梅里尔认为，参与主要是指"主动完成任务、独立解决问题、乐于参与更多课堂学习活动"。学习者的课堂参与很重要，这是不言而喻的。而在促进学生参与方面，合作学习有着很大的优势。合作学习使课堂更富有吸引力，相比于一般的课堂教学方式，学生参与的积极性更高，参与活动的质量也就更好。

　　效果、效率和参与（吸引力），哪条标准更重要呢？如果这三条标准只能选一条的话，你会选哪一条？功利主义者更有可能主张效率，关注点在"快"字上；人文主义者的观点会偏向于学习者的感受，即关注他们的兴趣爱好和自主性，会将"参与"作为优先项。而从设计者的角度看，当然首先关注教学目标的达成，一切设计，或者说无论哪个领域的设计都必须先聚焦于预期结果的达成，否则我们将很难讨论任何与设计有关的问题。

刚才我们讨论了好课的标准，有了好课的标准，才有为之服务的教学原则，在教学原则之下，才有一系列教学设计和教学实施。

什么是教学原则呢？教学原则就是教学时要遵守的那些行为的准则和底线，是轻易不能突破和改变的。

梅里尔围绕着好课堂的 3E 标准，提出了有利于达成 3E 的五项原则，又称为"首要教学原理"。

（1）以问题为中心：当学习者介入解决实际问题时，才能够促进学习。

（2）激活旧知：当激活已有知识并将它作为新知识的基础时，才能够促进学习。

（3）充分展示：当把新知识展示给学习者时，才能够促进学习。

（4）尝试应用：当学习者应用新知识时，才能够促进学习。

（5）融会贯通：当新知识与学习者的生活世界融于一体时，才能够促进学习。

梅里尔认为首要教学原则应该"以问题为中心"，其他原则都为此服务。

我想无论你是否在课堂中实施合作学习，都是要遵循这些原则的。除了以上这些原则，合作学习还有一些特定的教学原则，我把这些原则归纳为：

为达到效果好，合作学习应"以教定策"。

为达到效率高，合作学习应"够用就好"。

为达到吸引人，合作学习应"丰富好玩"。

以上三条合作学习教学原则的首要原则是"以教定策"，"够用就好"和"丰富好玩"是为首要原则服务的。

二、如何为不同的教法匹配合作学习策略？

好课的首要标准就是效果好。如何达到效果好呢？那就要"以学定教"。

什么是以学定教？以学定教的意思是说，教法有很多，为了选择合适的教法，就要盯牢学习者内隐的学习机制，而千百年来人类内在的学习规律始终没有发生改变。而内隐的学习机制是跟着学习类型走的，也就是说，不同类型的学习内容需要学习者采用不同的学习机制，那么，教法上就要与学习类型匹配。

下面我具体概括出三句话来说明"以学定教"。

第一句话：教法主要有四种。

对教法进行分类一向比较繁复，教育心理学家露丝·克拉克（Ruth Clark）博士的分类方法简约明了，她提出了四种教法，分别是接受（receptive）、直导（directive）、指导性发现（guided discovery）和探究（exploratory），这四种教学方式可以分别用于不同的教学目的和教学情境。

（1）接受。接受教学往往表现为教师讲授，而学习者在"接收信息"，但是教师讲授不等于学习者只是被动接受。心理语言学的实验表明，人的听讲过程包含着极其复杂的心理活动。教师的声音输入大脑，学习者将新知识进行融合，进而化为他自己的知识，学习者同样在积极地建构，只是教师讲授时，学习者的建构活动是内隐的、无形的、无声的。

（2）直导。直导教学反映了行为主义心理学的教学原则。行为主义心理学理论认为，学习就是获得某种心智联结，学习就是一点一点获取知识和技能的过程，应该从最基础的地方开始教学，循序渐进地达标。最经典的和负有盛名的直导教学就是布鲁姆的"掌握学习"和风靡一时的"程序教学"了。

（3）指导发现。指导发现教学反映了认知理论的教学主张。发现式教学是杰罗姆·布鲁纳（Jerome Segmour Bruner）在他的《教学过程》一书中最早提出的，要让学生在教师的认真指导下，能像科学家发现真理那样，通过自己的探索和学习，"发现"事物变化的因果关系及其内在联系，形成概念，获得原理。

（4）探究。探究教学也被称为"研究性学习"。建构主义者倡导这种教学方式。建构主义认为知识是由学习者主动建构的，因此要让学习者在教师的指导下，从自然、社会和生活中选择和确定专题进行研究，并在研究过程中主动地获取知识、应用知识、解决问题。

以上四种教学方式无所谓优劣和高下，关键看要让学生学什么，也就是要与学习类型相匹配。

第二句话：知识类型主要有四类。

学习内容就是我们所要教学生的内容。学习内容有不同的类型，区分学习内容所属的类型是为了搞清楚内隐的学习机制，比如学习者学习"知识""技能"和"情感"，学习机制是不同的。

各学科的学习内容中知识占有很大比重，而知识教学也是教学理论主要的研究对象。关于知识类型的学说有不少，这里给大家介绍美国当代著名教学设计理论家罗米索斯基（Romisowski）的分类，他认为知识可以分为"事实性知识"和"概念性知识"。

再细分的话，事实性知识主要包括两类：

（1）事实。物体、事件、人或名称的信息。

（2）程序。在一个特定的情境中做什么、怎么做。

概念性知识主要包括两类：

（1）概念。对某一特定事例所下的定义。

（2）原理。解释或预测某些现象的规则、法则、定理和规律等。

不同类型的学习内容，需要不同的学习机制，为配合特定的学习机制，教法上应与之相匹配。如果你想进一步了解相关内容，可以翻阅华东师范大学出版社出版的《简明教学设计 11 讲》，在那本书中我作了详细介绍。

第三句话：以学定教，即选择合适的教法与知识类型对应。一般而言：

（1）事实性知识稳定、严密而有序，适合接受教学、直导教学。对于事实性知识中的"事实"，建议以接受教学方式进行教学，而事实性知识中的"程序"，则建议以直导教学方式进行教学。

（2）概念性知识，无论"概念"还是"原理"，都适合指导发现和探究的教学方式。

下面我来举例子说明这些教法与学习类型的关系。

假如，要学习"中华人民共和国的首都是北京"，这是一个事实性知识，是

"事实",那基本可以锁定接受教学的方式;如果学习"审题的方法",你发现这是事实性知识中的"程序",那就要用直导教学的方式;如果学习"生态"或"能量守恒定律",那是概念性知识中的"概念"和"原理",可以用到指导发现教学或探究教学。

以上将学习类型与教法匹配的模型,只是一种理想状态,不等于说"事实"就不要探究,也不等于"原理"就不必讲授。具体教学设计中还要考虑其他因素,比如学习者的知识基础、教学时间、班级规模、学科特定要求等,但这个简单模型基本能指导大多数一般情况下的教学实践。

刚才给大家介绍了以学定教的匹配模型。那么问题来了,合作学习在哪里呢?

合作学习就在这四种教法中,接受教学中可以有合作,直导教学中可以有合作,指导发现和探究教学中更是有合作。不过,虽然在四种教法中都有合作学习,但是在具体操作中,所运用的合作学习策略却不尽相同。

我们可以将合作学习策略按照功能分类,分为互助式、互评式、对话式和协作式。关于这四类合作学习策略具体是什么,我们将在第6—10讲中为大家介绍。

现在我们回到正题:什么是"以教定策"?

"以教定策"是在"以学定教"的基础上,进一步将合作学习策略与四种不同的教学方式匹配起来。具体是这么对应的:

（1）在接受教学中,可以采取互助式学习。

（2）在直导教学中,可以采用互评式学习。

（3）在指导发现教学中,可以采用对话式学习。

（4）在探究教学中,可以采用协作式学习。

这里要声明的是,教学场景很复杂,这里所做的对应只是一种理想状态,有了这种理想状态,我们在做教学设计时才能有一个坐标作为参照。

为了追求教学效果,使教学目标尽可能达成,在教学上要"以学定教",而合作学习策略应与教法匹配,叫作"以教定策"。下面用表格给大家呈现一下学习类型、教学方式和合作学习策略的关系。

表 4-1　以学定教，以教定策

学习类型	教学方式	合作学习策略
事实	接受式	互助式学习
程序	直导式	互评式学习
概念	指导发现式	对话式学习
原理	探究式	协作式学习

有没有一种教学方法是放之四海而皆准的呢？显然没有，如果有的话，我们就不必作任何决策，也就不必费心思学什么教学设计了。同样的，为各种教法服务的合作学习，套路（也可以被称为"脚本""策略""结构"）也很多，如何作出最优选择？首要原则就是"以教定策"。

三、如何做到够用就好？

合作学习对学生各方面发展产生了积极的作用，运用得当的话，可以大大提高教学的效果。但是，一堂好课不仅要看效果好不好，还要看效率高不高。怎么提高合作学习的效率呢？这就要引出合作学习的第二条原则：够用就好。

大家可能对奥卡姆剃刀原理并不陌生吧！它是由 14 世纪英格兰的逻辑学家、圣方济各会修士奥卡姆（Ockham）提出的。奥卡姆剃刀原理就是"如无必要，勿增实体"，即"简单有效原理"。正如奥卡姆在《箴言书注》中所说："切勿浪费较多东西去做，用较少的东西，同样可以做好的事情。"

把奥卡姆剃刀原理引申到合作学习的课堂实施中，即合作学习策略有很多，在追求效果的前提下，应尽可能使用简单易行的策略。打个比方吧，你家有一辆好车，可是去隔壁菜市场，骑辆自行车就去了，甚至走走就过去了，何必开着车去买棵葱呢？

有的公开课活动带有一定的表演性质，往往在不必要使用合作学习的时候却兴师动众，这是在"秀"合作学习。所以在课堂上要时时提醒自己，够用就好。

我们已经了解到合作学习固定小组以 4~6 人为宜。但是，在具体的合作学习中，却需要灵活安排学习活动，可以是两人之间的，也可以是 4~6 人小组活动，还可以跨组和全班合作学习。合作学习研究专家们为不同规模的合作学习准备了不少策略，下面给大家介绍一些常用的策略。

两人组：MURDER、轮流说、练练法、互查法。

4~6 人组：坐庄法、接力法、发言卡、围圈传。

跨组：内外圈、一人走三人留、组际批阅法、世界咖啡。

全班：切块拼接法、四角站立法、站立分享法、对折评价线。

具体在实施中，小组规模可以有多大？是两人之间的互助，还是 4~6 人之间的协作？是组与组之间的交流，还是面向全班的展示？这要受到以下因素制约：

（1）小组成员的成熟程度。一般年龄大的学习者，他们的社会、心理成熟度高，小组可容纳的人数就可以多一些；反之，就应该尽量少些。也就是说，固定组 4~6 人不变，如果小学一、二年级的学生进行合作学习，建议以两人配对为主效率更高。

（2）小组成员的合作技能。合作技能的高低，也是决定小组人数多少的一个重要因素。如果学习者已经有了一段时间的合作经历（半年以上），他们初步学会了如何与他人合作，表现出较强的合作技能，那么小组的人数就可以多一些；反之，如果学生缺乏合作技能，小组的人数就应少些为好。

（3）课堂上允许活动的时间。如果教学时间比较宽裕，小组的人数可以多一些，尽量让每个学生都获得足够的参与机会；而一旦活动时间较少，那么人数较多的小组就极有可能合作得不充分，有的学生将会由于"轮不过来"而失去参与的机会。

（4）学习任务的难度。难度较高的学习任务可以在人数较多的小组完成；难度较低的学习任务则没有必要在较大规模的小组内完成。因为规模越小，解决困难问题的可能性就越小，人数越多，点子和办法就会更多。

（5）学习任务的价值。什么样的学习任务有价值？那当然就是对教学目标贡献率大的。贡献率越大，这样的任务也就越重要，学习讨论的规模就可以更大些。如果是一般的小问题，两人之间说说也就可以了。

（6）课堂掌控能力。教师对自己的课堂掌控能力要有正确的认知。如果采用讲授的方式都管不住学生，课堂纪律问题频发，那搞起合作学习来更难以驾驭了，所以建议实施两人组的合作学习；如果平时课堂掌控力较强，可是因为最近身体不适或情绪状态欠佳，"气场"就不够了，那也要用务实的态度，亦可采用两人之间的合作学习。

总之，按照小组规模来进行分类的话，合作学习有两人组、4~6人组、跨小组和全班四种，这四种规模下的合作学习在规则和流程上是不同的。

四、怎么让合作学习丰富又好玩？

一堂好课应该是"又好又快"的，但按照3E标准，好课还得要有吸引力，让更多的学生愿意参与到学习中来。

其实合作学习本身就具备了"吸引人"的基因，那是因为合作学习能够很好地满足学习者的心理需求，包括与他人合作交往的需求、自尊的需求和个性发展的需求。按照人本主义的观点，满足这些需求即使不能带来学业成绩方面的显著成效，也应该尽量设法去做，因为学生有权利被当成一个人来看待。

下面，我们具体来看学生重要的三大心理需求。

第一大需求：合作。

人是社会性的动物，合作是人类的天性，合作能力是人类进化过程中形成的内在机能。有研究显示，1~2岁的婴儿就具有和别人一起建立共同目标、实现共同关注的能力；3岁时，儿童在与他人进行合作式互动时，已经具有初步的责任意识。

马丁·诺瓦克（Martin·A·Nowak）在他的《超级合作者》一书中提出，合作才是进化的总设计师，生命的诞生、生物的身体、人类的语言以及复杂的社会行为，都跟合作有关。相比于自私自利，合作行为往往能给个体带来更多好处，更有利于解决问题，所以人类是个"超级合作者"。

诺瓦克的理论向我们解释了为什么学生更喜爱合作学习，同时也在启示我们，满足学生需求的课堂就应该创造条件让学生们通过与他人的交往与合作，通过互相帮助、协同做事，从中体验到学习的快乐和满足。

第二大需求：被尊重。

被尊重又是一个与生俱来的需求。尊重的需求可分为内部尊重和外部尊重。内部尊重就是人的自尊，是指一个人希望在各种不同情境中有实力、能胜任、充满信心、能独立自主；外部尊重是指人都希望自己拥有稳定的社会地位和威信，希望自己的能力和成就得到社会的承认，希望自己受到别人的尊重、信赖和高度评价。

马斯洛认为，尊重需要得到满足，它能使人充满信心、对社会满腔热情，体验到自己活着的用处和价值，从而增进幸福感。合作学习是要教学生学会合作的，即要教授学生基本的合作技能和合作学习策略，这有利于构建有安全感的课堂氛围和积极的相互依赖关系。学习者之间相互尊重成为一种文化，满足了被尊重的需求。

第三大需求：个性发展。

有人会质疑，合作学习能满足学习者交往合作和尊重的需求，这都很对，但是合作学习强调团队合作，不是容易削弱学生的个性吗？

合作学习是否会因为强调了合作而诱发人的从众行为，忽视了个性需求？其实这一忧虑不无道理，因为在群体中，人都有从众心理，合作学习可能加剧了人的这一心理，这容易导致学习者丧失独立思考能力。从众带来的最大的问题就在于主体性的消失，从而导致个性的消失。

但是，只要你做的是专业的合作学习，就能够促进学生主体性的发展，使参与者的个性得到更好的发展。

其一，真正的合作学习要求混合编组，即根据学习能力、性别、性格、学习风格、智能类型等将不同的学生编在同一个小组，每个成员在组内都能获得某种"比较优势"，因此也实现了关系的平等，个性更能得到尊重。

其二，在合作学习的小组内，每个学生都担任着某种角色，并在共同完成的任务中承担一部分的工作，因此每个成员在组内都要发挥独特的和不可替代的作用，他们的能动性能得到很好地发挥。其实，学生促进主体性发展的核心就在于能动性的发挥。

其三，为提高合作学习质量而开发的合作学习策略，有效化解了个性与社会性的冲突。比如，卡甘设计的合作结构就允许和鼓励个体的差异性存在，允许学生以不同的发展水平来进行互动，从而充分发挥他们的潜能，让每位学生在原有水平上得到提高。卡甘甚至还确定了 15 种思维的类型，并为每一类型提供了相应的合作结构。

表 4-2　卡甘的 15 种思维类型

思维技能	可能的结构
回忆	摊牌、编号共同学、站起来分享、寻找知情人
总结	观念旋转器、打电话、三步谈话
表征	自我匹配
分类	相似小组、综合排序
角色定位	价值站队
分析	专家组研讨、综合排序
应用	编号共同学
引导	思考—配对—分享
演绎	编号共同学、内外圈
解决问题	专家组研讨
集思广益	编号共同学
综合	小组陈述
预测	内圈—外圈、编号共同学、角落
评价	投票表决、综合排序
提问	三步谈话、小组谈话

资料来源：Dr.Spencer Kan.Kan Structures for Thinking Skills.HTTP：//WWW.nonlinear.com/Clubland/Antiparticles.HTML。

其四，合作学习的评价是要将个体成绩与小组成绩捆绑在一起的。在统计成绩时，不仅考虑每个成员现有的成绩，还要考虑其进步情况，这让每个成员都获得了为自己小组作出贡献的机会，甚至那些学业基础比较差的学生的进步幅度可能更大，因而为小组作的贡献也就可能更大。

其五，在合作性的活动中，所有成员始终处于交往活动中，而个体与个体相互交往的特征，正是人的主体性的重要组成部分。小组成员间的合作与交往，是个体的主体意识形成的重要条件。这表现在从他人身上反观自我，以自我为尺度评判他人，从而形成符合实际的自我评价、积极的自我体验和主动的自我调控能力。

其六，小组中成员们的相互认同、相互理解以及合作学习强调的共同目标、情感共同性等特征，都有利于激发学生的创新意识，显然创新是人的主体性活动，也最能展现出人的个性。

可见，真正的合作学习是不会让学生们从众和随大流的，小组成员一定能在与他人更为充分交往的社会性活动中，发现真实的自我，并努力地发展个性自我。

以上我们谈到合作学习能满足学生交往合作、尊重和个性发展的需求。满足这些需求可能是合作学习独特的功效，远超其他教学方法和策略。

但是，为了让合作学习更有吸引力，教师要保持合作学习的多样性以防止"审美疲劳"。

有人可能不理解，为什么要将合作学习搞得那么复杂，有若干种策略轮换着使用也就够了，有必要搞那么多种吗？卡甘还搞出好几百种，何必呢？

卡甘其实早就回应过这个问题，他认为每一种合作结构甚至它所包括的每一个步骤都需要人脑不同部位的参与，这会促进人脑不同区域间的转换，增加了思维的活跃性和稳定性。人脑是一个有生命的系统，具有复杂的结构和无限的潜能，采用多种多样的合作结构，在更大程度上扩大和丰富了学生的学习经验和人生体验。因为不同的结构生成了一系列不同的活动，如轮流说、轮流写、配对交流、小组讨论、全班分享、独立思考等，这些活动都能够丰富学习者的学习体验。

除了合作学习策略的丰富性可以让课堂更吸引人，合作学习的游戏化也是一个必然的趋势。未来的课堂，合作学习势必与游戏化学习深度融合。

什么是游戏化？在《游戏化思维：改变未来商业的新力量》一书中，作者凯文·韦巴赫（Kevin Werbach）和丹·亨特（Dan Hunter）认为，游戏化是采用游戏机制、美学和游戏思维手段吸引他人、鼓励行为、促进学习和解决问题。

无论你愿意还是不愿意，人类已经进入"游戏时代"，倒逼我们的课堂教学要作出改变。我们得像设计一款游戏那样来设计合作学习策略。

下面给大家介绍三款游戏色彩浓厚的合作学习策略。

合作游戏 1：小组游戏竞赛法

这是通过游戏竞赛的方法促进小组学习的一种合作学习策略。实施流程是：

（1）教学。由教师按教学计划讲授新课。

（2）小组学习。在教师讲授新课之后，学生完成小组学习作业单，以掌握学习内容。

（3）竞赛：游戏以三人一张的"竞赛桌"形式展开，每一张竞赛桌的学生水平相当，并代表不同的小组。

（4）小组认可：竞赛结束后，将所有组员的分数相加，所得总分除以参加游戏的小组人数的得数即为小组平均分数，成绩优异的小组将获得认可或其他形式的奖励。

合作游戏 2：烫手座位

烫手座位是一个戏剧表演中的道具，学生被邀请坐在指定的座位上扮演一个角色。这个角色可能是课本中的一个人物，也可以是历史人物，或当代社会中的一个角色，也可以是某一个群体中的真实人物。

（1）各小组独立讨论某一角色。

（2）邀请一位学生坐到烫手座位上，扮演这一角色。

（3）底下学生向烫手座位上的学生提问。

（4）烫手座位上的学生回答问题。

（5）如扮演角色的学生所做的回答不能令大家满意，其所属小组的其他成员可以补充回答。

合作游戏3：电台热线电话

这个活动利用虚拟的电台节目来开展深入讨论。在教室的前部摆上桌椅，教师扮演主持人，各小组的代表扮演某些持不同观点的嘉宾，其他学生扮演听众，通过打热线电话的方式与直播间内的嘉宾进行讨论。

（1）把全班分成4~5个小组，教师给每个小组提出共同需要讨论的问题，让学生独立思考2~3分钟。

（2）给每个组分配一个与问题相关的观点，并让学生在10分钟之内提出证明或论证这个观点正确的理由。

（3）每个小组派出一名代表到教室前面，这4~5名代表与教师组成电台直播间，一起讨论这个问题。每个代表都必须发表被分配到的观点，并捍卫这个观点，从这个观点的角度出发与持其他观点的代表进行辩论。

（4）在嘉宾们陈述完观点之后，底下的听众可以打热线电话进来与嘉宾进行深入讨论。

（5）活动结束后，可以通过书写任务记录单，汇总学生们提出的各种观点。

合作学习与教法匹配

～～～～～～～～～

《平行与相交》说课稿

淄博高新区实验小学　刘淑婷

各位老师，大家好，今天我说课的内容是三年级数学的《平行与相交》。本单元属于四大课程内容中的图形与几何，核心素养是空间观念和几何直观，落实到本单元的内容是通过实际情景抽象出几何图形，培养学生的空间观念，同时强化核心素养与德育的契合。

我将从以下五个方面进行说课。

一、学习类型分析

本课属于几何概念课，教材给学生提供了丰富的学习素材帮助学生形成对几何概念内涵的丰富认识。这部分内容是在学生认识了直线、线段、射线的基础上学习的，是学生进一步学习平面图形、立体图形及几何知识的基础。

二、学情分析

先备知识：学生已经认识了直线、线段、射线和角，知道了直线可以无限延伸，具备一定的想象能力。

合作学习：学生能熟练掌握"坐庄法"和"两人互查法"的操作步骤，具备一定的倾听和赞美他人的能力。

三、学习目标

（1）运用"坐庄法"，学生通过感知生活情景，了解同一平面上两条直线的位置关系，认识平行线。在合作学习中能认真倾听，对他人的倾听进行赞美。

（2）运用"发言卡"和"一人走，三人留"，学生能使用合适的方法画一组平行线。在合作学习中增强学生的个人责任感，学会耐心等待，对他人的赞美能及时回应。

四、教法学法

为了更好地突出重点，突破难点，教法上主要采取学生自主探究、小组合作等方式进行教学；组内合作用到的合作策略有"坐庄法""发言卡""两人互查法"，组际合作用到的合作策略是"一人走，三人留"。

五、教学过程

这堂课将分为情境导入、合作探究、学以致用和回顾反思四个环节。

1. 情境导入

出示生活中的情景，引导学生观察并抽象出两条直线，将两条直线画到纸上。

设计意图：贴近学生生活情境，调动学生主动探索和自主解决的积极性。

2. 合作探究

在合作探究阶段，解决本节课的重难点。

问题1：这几组直线有没有相同的地方，能不能按一定的标准给他们分分类？

设计意图：提这个问题是因为这个问题属于探讨性的开放题目；在合作中我想让每一位同学充分发言，并且能够对他人的发言作出评价，这个年龄阶段的孩子自我评价意识较强，所以选择"坐庄法"这一合作策略。

这个环节我预期达到的效果主要有两方面：一是学科知识方面，学生能够根据直线无限延伸的特点，最终分为相交和不相交两类；二是合作技能方面，学生能够做到有序交流、认真倾听他人的发言、及时赞美他人。

教学过程中我想对学生进行及时评价，对能做到认真倾听、及时赞美、控制音量的小组给予加分奖励。

问题2：如何画一组平行线？

设计意图：因为平行线的画法属于程序性知识，需要学生动手去操作。在初期，先让学生去尝试画，再在小组内交流讨论，学习能力较强的学生想到的方法可能会比较多，也会说得比较多，而学习能力较弱的学生会说得比较少。为了加强个人责任感，防止学生在发言中出现"搭便车"的现象，我采用"发言卡"的策略，并且给发言能力强的孩子一张发言卡、一张评价卡、一张鼓励卡或质疑卡，鼓励他去对别人进行评价或者对别人的问题提出质疑。

我在合作学习方面预设的效果是：在合作学习中学生能够按要求发言交卡，在讨论时学会耐心等待；当别人说到不正确或者需要补充的地方时，不要盲目打断别人，学会认真倾听他人发言，学会质疑。

在学科知识方面，我希望能培养学生用数学语言表述思考过程。小组交流讨论完所有平行线画法的时候，选出本组最优的画法。考虑到小组内交流具有一定的局限性，有可能一个小组只会出现一种画法，为了完善平行线的画法，进行资源共享，我选择"一人走，三人留"的合作策略，让画法最优者带着方法去其他组交流，交流完成后再回到本组进行修改并练习规范画法，掌握平行线的最优画法。

3. 学以致用

我设计了三个练习题，这三个练习题从内容上紧紧围绕重点并遵循了由易到难、由浅入深、由扶到放的原则，让学生逐步掌握并能应用，以提高学生解决实际问题的能力，体现了层次性、针对性、趣味性，也调动了学生的积极性。

4. 回顾反思

通过带领学生回头看，以图文并茂的方式，引导学生主动梳理本节课的知识，并反思自己的学习。

刘淑婷老师的《平行与相交》一课，三次使用合作学习，我们来看一下她的合作学习是否遵循"以教定策""够用就好""丰富好玩"的原则。

首先，我们看到刘老师使用"指导发现式"教学，为什么要使用这一方式？那是因为本课的学习类型是"概念性知识"，需要学生通过自己摸索来获得理解。

其次，什么样的策略与"指导发现式"最为匹配？答案是"对话式"。

最后，刘老师使用了哪些对话式合作学习策略？第一次是"坐庄法"，第二次是"发言卡"，第三次是"一人走，三人留"。

（1）"坐庄法"用在"情境导入"环节，让学生结合生活情景，感知同一平面上两条直线的位置关系，认识平行线。这个环节的目的是激发学习者的学习动机，并激活旧知。

（2）"发言卡"用于讨论"如何画一组平行线"。因为有多种画法，而各种画法中存在着"最优",于是使用发言卡这一策略,要求对别人的发言进行评价或者对他人的问题提出质疑。

（3）考虑到小组内的交流具有一定的从众性,有可能一个小组只会出现一组画法,为了完善平行线的画法,需要在更大范围内进行碰撞,刘老师选择"一人走,三人留"的合作策略,让画法最优者带着方案去其他组交流,交流完成后再回到本组进行修改并练习规范画法,以掌握平行线的最优画法。

（4）为什么教师选择这三种合作学习策略?因为教师事先作了学情分析:学生能熟练掌握"坐庄法"和"两人互查法"的操作步骤,具备一定的倾听和赞美他人的能力。

（5）为确保这三种策略有序开展,教师有意识地将合作技能与合作学习策略匹配起来,如:实施"坐庄法"时,要求学生"认真倾听,对他人的倾听进行赞美;实施"发言卡"和"一人走,三人留"时,则要求学生"学会耐心等待,对他人的赞美能及时回应"。

（6）"坐庄法""发言卡""一人走,三人留"对三年级的学生来说简便易行,符合"够用就好"的原则。而"发言卡"带有游戏特点,满足了儿童的心理需求,体现了合作学习在鼓励学生参与方面的独特优势。

（点评专家:吴莹）

思考与练习 ＞　1. 合作学习策略应与教学方式匹配,为什么这是实施合作学习的首要原则?

2. 你还能举出奥卡姆剃刀原理在教学中运用的例子吗?

3. 设计一个合作学习游戏,观察这个游戏给课堂带来的变化。

第5讲 | 教学过程

学习目标 >

1. 了解什么是教学过程与学习过程的合一；了解信息加工理论对教学过程的阐述；了解合作学习在每个教学环节中的作用。

2. 了解预备阶段合作学习的作用，即主要用于激发学习动机；有趣的合作游戏活动经常会被用来"破冰"和"暖场"。

3. 了解输入阶段合作学习的作用，即主要用于通过同伴互助来传递信息或呈现新知。

4. 了解加工阶段合作学习的作用，即主要用于通过一系列对话活动来促进学生对学习内容进行深度加工，实现新信息与旧知识的充分融合。

5. 了解输出阶段合作学习的作用，即主要用于促进知识迁移；迁移活动主要包括提取类活动和情境类活动。

6. 了解反思阶段合作学习的作用，即主要用于促进学生的反思性思考，以提高学生的元认知能力，使他们成为一个自主学习者。

一、教学过程如何体现从扶到放？

我们已经知道好课的 3E 标准，也了解了为实现 3E 标准应该遵守的基本原则。这一讲我们主要探讨合作学习在一般的教学过程中是如何发挥作用的。

有专家认为，教学原则固然很重要，但是教学流程更为重要，因为流程对具体的教学行为产生的约束力比教学原则更大。在教学设计的理论方面，历来就有原则派和流程派之争。我们这本讲合作学习的书，重在实际操作，当然要讲合作学习的原则，但也要讲课堂教学的流程，以及合作学习在教学流程的每个环节中的作用。

什么是好的教学流程？符合学习者学习规律的流程就是好的流程。

人的学习是有规律的。但是，人的大脑是个黑箱，目前对学习规律的理论阐述有相当一部分还属于"假说"。在各种假说中颇具解释力的一种就是认知理论中的"信息加工"学说。这一学说认为，人在学习时发生着三种记忆，即感觉记忆（sensory memory）、短时记忆（short-time memory）和长时记忆（long-time memory），了解这三种记忆，是敲开学习奥妙之门的钥匙。

其一是感觉记忆。你打算学一个新单词 boy，boy 这个单词的音和义对你来说就是一个新信息，新信息被眼睛这个"感觉接收器"接收，就会被贮存在感觉记忆中，严格地说是"新信息被以感觉记忆的方式保留下来"。但是，感觉记忆保留信息的方式非常粗略，不仅容量是非常有限的，而且保留的时间极短，短到什么程度？你看到 boy 这个单词是通过视觉接收到的信息，大约保留半秒钟，所以"过目就忘"是很正常的。

其二是短时记忆。现在 boy 这个单词进入感觉记忆，如果赶在这个新信息消退之前，赶紧就对它给予持续注意，那么 boy 这个单词的信息就能够转换为短时记忆。比如说，你清晨起床打开手机，好多新信息扑面而来，你在郑杰的名字前停留了，你将注意力投到郑杰这个新信息上，于是"郑杰"就进入了你的短时记忆。短时记忆又被称为"工作记忆"，两个短语是通用的。可惜的是，短时记忆的容量也很有限，大概一次只能处理五个左右的知识模块，而且保留的时间也很短，你要是不在 18 秒内主动进行加工，信息就会流失。

其三是长时记忆（长久记忆）。要是 boy 这个单词从短时记忆编码进入长时记忆，那么这条信息有可能被永久保持。之所以被称为"长久记忆"，就是指信息保留时间长，长到终生难忘。而且，长久记忆的容量无限，大到不可想象。

神经科学家一般认为，人脑的数据存储量应当介于 10TB~100TB 之间。

信息加工理论认为，学习的过程就是新信息从感觉记忆到短时记忆再到长时记忆，并被永久贮存的过程。认知理论甚至认为，所谓"知识"其实就是被永久贮存的新信息。根据这个观点，认知心理学家就提出了与之相配套的三种基本学习过程：选择（selecting）、组织（organizing）和整合（integrating）。

（1）选择。当学习者通过眼睛和耳朵对进入的信息予以注意时，实际上就是在"选择"将要进一步加工的信息。如果注意力不能集中到某个新信息上，那么，该信息就无法被输送到短时记忆中。

（2）组织。新信息进入短时记忆，被学习者"组织"起来，原本零碎的信息成为有内在联系的整体。举个例子，大家游漓江，两岸乱石嶙峋，导游说："大家看它像什么？是不是像观音菩萨啊！"你说："真的像！"这就是你把"乱石"这些零碎信息"组织"起来了，组织成"观音菩萨"。在短时记忆中，学习者要做的就是将已经选择的信息组织成一个有内在联系的整体。

（3）整合。在短时记忆中，那些经过组织的信息与已有的知识之间建立起一种外部的联系，于是新信息就被永久保留在了长时记忆中。新信息和你头脑中的旧知识融合，这是学习过程中最关键的时刻，因为这会达成学习者对新信息的"理解"。

知道了学习的原理，也知道了学习的过程，那么教师应该怎么教呢？或者说教学的过程应该是怎样的呢？这方面各家学说很多，但总的方法就是"从扶到放"的过程。

首先，要进行外部信息输入，这就是知识的"授受"。让新信息从感觉记忆通往短时记忆，等待被加工。

其次，要对知识进行加工，就要唤醒头脑中的旧知识，让被组织起来的新信息与旧知识融合，于是新信息就被永久保留，成为"知识"。

最后，加工完成后，考虑到知识还要被运用到陌生情境中，就要让学生提取知识，便于迁移。

讲到教学流程，就一定要跟大家介绍美国教育心理学家加涅（Gagne）。加涅是个集大成者，他将行为主义学习理论与认知主义学习理论很好地结合在一起，提出了著名的"信息加工模式"，即"九大教学事件"，后人所提出的教学流程基本上都是从加涅的观点中演化出来的。

提出"首要教学原理"的梅里尔教授在加涅的基础上，兼收并蓄，博采众长，提出了著名的"教学阶段循环圈"：激活阶段—展示阶段—应用阶段—整合阶段。

在激活阶段，教师通过激活原有知识结构和提供知识结构，帮助学生回忆原有知识结构和学习新知识，即帮助学生作好学习准备。

在展示阶段，教师指导学生将新知识与准备的知识结构加以联系，来理解新知识。

在应用阶段，教师辅导学生进行应用活动，让学生进行练习尝试。

在整合阶段，教师鼓励学生将知识融会贯通，进行反思和创新。

梅里尔的"教学阶段循环圈"理论显然是受到他本人提出的 3E 标准和首要教学原理的指导，所以有很强的系统性。我国学者盛群立教授认为该理论有可能成为继加涅所提理论之后的又一个制高点。

在我的《简明教学设计 11 讲》一书中，借鉴了加涅和梅里尔的研究，采用了认知理论中的"信息加工"对学习的解释框架，将课堂教学过程分为五个阶段，分别是：预备—输入—加工—输出—反思。这一讲，我将要和大家探讨如何将合作学习融入到教学过程的这五个阶段中去。下面，我分别介绍一下这五个阶段中教学的主要任务。

（1）预备阶段。无论什么样的教学模式和流程，总有预备环节，这个环节的主要功能就是"定向"，并为整个教学活动做"预热"的工作。这个阶段，教学的主要任务就是激发学生的学习动机，形成学习期望。

（2）输入阶段。这一阶段是要通过各种方式给学习者输入足够的信息。为此，教学的主要任务是：

第一，引发注意。注意力是一种稀缺资源，为了使学生有效地进行选择性知觉，教师应采用各种手段来引起学生的注意。

第二，激活原有知识。人是用已知理解新知的，因此要激活学习者头脑中与新信息有关的先备知识。

第三，输入新信息。设计教学时要根据学生的最近发展区，在自主学习、同伴互助和教师教授等方法中选择最佳输入策略。

（3）加工阶段。新信息被输入后，就会进入短时记忆，这是一个极其重要的环节。这个环节的教学任务主要是促进学习者将已有的知识与新信息进行融合，融合的过程是一个对信息进行编码的过程，也就是信息加工的过程，只有完成这一过程，学习者才能达成对新信息真正的理解。为促进学习者形成对知识的深度理解，教师应提出有价值的问题促进学习者思考，并采取"说一说""写一写""画一画"等方法，将他们的思维外部化，以迎接外部的逻辑审查，进而提高他们的思维品质。

（4）输出阶段。输出就是要让学习者将已经理解的知识内容加以运用，实现知识的迁移。输出方式与迁移地远近有关。一般而言，促进"近迁移"的方法，主要是对所学知识做多次"提取"；而促进"远迁移"，则主要是创设真实情境，让学生在解决问题的过程中完成迁移。无论要促进"近迁移"还是"远迁移"，都要提供机会，让学生在合作活动中完成"输出"的工作。

（5）反思阶段。在这一阶段，学习者要对学习成果进行确认，并对学习中发生的问题进行纠错。这个阶段教师的主要任务是对学习者的学习成果进行评估，以给出正确的反馈，从而帮助他们作自我反思。反思是思考者对自身的思考，是一种自省和内省，这是一种高级的理性活动，需要"成长型思维"来加持。

接下来，我们要深入探讨教学的五个阶段，并且探寻合作学习在这五个阶段中起到什么作用。现在我们要开始一段将合作学习与教学过程"深度融合"的旅程了。

二、预备阶段合作学习怎么做?

我们已经知道预备阶段的主要任务是激发学习动机，学习动机是学生投入学习活动的驱动力。我们可以将影响学习动机的因素分为"内因"和"外因"，由内部因素而产生的动机，就叫内部动机，由外部因素而产生的动机，那就是外部动机了。

合作学习可以为学习提供外部激励。合作学习强调小组成员之间的积极互赖关系，还将小组成员的学习表现捆绑在一起进行评价，使得小组和小组之间构成一定的外部竞争关系，这在一定程度上提高了学生的学习动机和投入度，也增强了课堂吸引力。

但是，课堂教学中应该更多地考虑增强学生内部动机的方法，主要有两个方法：一是设置挑战性目标；二是引发学习兴趣。这两种方法都能使学习者感受到学习的意义，从而产生比外部激励更持久的动力。

首先是设置挑战性目标。挑战性目标能激发内在学习动机，这是毫无疑问的。而在合作学习中，形成依赖关系的学习小组能共享挑战性目标，创造出众人一体的感觉。

为使小组目标更能激发学习，应该如何设置？

（1）目标应当具体。具体的目标比一般的含混不清的目标更能激发人的行为，达到更好的绩效。小组共同目标可以是竞争性的，比如说"力争在课堂小测试中得第一"；还可以是超越自我的目标，比如说"我们小组要全部通过测试"。

（2）目标应构成挑战。研究表明，有一定难度的目标比比较容易的、唾手可得的目标更能激发学习行为，这就需要教师引导和鼓励学生提出更高的目标。

（3）目标应当被每个人所接受。在多数情况下，目标应该由小组商议决定，只有当学生自己愿意接受时，目标才能最大限度地激发他们的学习动机，从而调动他们学习的积极性。

（4）公开小组目标。教师要舍得花时间让小组商议目标，还要舍得花时间让部分或所有小组向全班展示目标，尤其是那些勇于挑战自己的小组。

以上介绍了设置小组目标的方法。下面谈谈引发学习兴趣。

人们常说"兴趣是最好的老师"，兴趣不仅为学习提供方向，而且还提供动力。所以在一堂课的开端，应该设法引发学生的学习兴趣。哪些方法可以引发学生的学习兴趣呢？一是靠教学内容，二是靠教学形式。在教学内容上，主要是增强学习内容的趣味性，或者对趣味性不够强的学习内容进行趣味化处理；

在教学形式上，应增强课堂活动的趣味性，使课堂对学习者产生强大吸引力。

在一堂课的预备阶段，如何提高课堂教学活动的趣味性呢？在合作学习策略中，有不少用于"破冰"的热身活动，下面给大家介绍三个常用的"破冰游戏"。

破冰游戏 1：人形矩阵

1. 实施步骤

（1）在教室中画出一条假想的线，一侧表示赞成，另一侧表示反对，未确定立场的站在原位，让参加者自由选择站位。

（2）与相邻的人讨论为什么选择这个位置。

（3）两侧各派代表向全班阐述立场；在阐述观点期间，所有人都可以自由改变立场，走动到另外一侧；先前未确定立场的也可作出选择。

（4）请未确定立场的发言，说出自己的疑惑。

2. 操作要领

（1）在选择立场前应给予一定的时间作准备。

（2）可随时改变自己的立场，但只能改变一次。

（3）教师应提示学生慎重考虑自己的立场。

（4）未确定立场的学生最后说出自己的疑惑；如最终全部都选定了立场，则挑选中途改变立场的学生发言。

3. 应用场景

（1）适用于价值观层面的讨论。

（2）适用于在深入思考之前激发思考、激活思维。

破冰游戏 2：意见一致

1. 实施步骤

（1）确定研讨主题。

（2）各组讨论这一主题的关键点。

（3）各组向全班发布这些关键点。

（4）自由辩论。

（5）教师出示答案，最接近正确答案的一方获胜。

2. 操作要领

（1）在小组讨论前，应确保学生有独立思考的时间。

（2）小组讨论应尽可能充分；为进一步促进思考，还可以要求小组对关键点根据重要程度进行排序。

（3）也可以进行没有正确答案的游戏，但应使讨论指向与意见一致。

3. 应用场景

（1）适用于高水平认知活动。

（2）教授新课之前的热身活动。

破冰游戏 3：联想链

1. 实施步骤

（1）请学生回答由某个主题所联想到的内容。可以提出如下问题：这个主题让你想到什么？如果你是某某，你会怎么做？如果只能举一例，你会列举什么样的事物？你会把某某比喻成什么？如果要列举与某某一样的经历，你会列举什么？对你而言，最好的是什么？最坏的是什么？等等。

（2）组内依次迅速作出回答，想不出答案的人，就马上跳过。

（3）记录每一位成员回答的内容。

（4）小组对记录的内容进行评估。

2. 操作要领

（1）在联想和发言时，速度是关键，最好是突发奇想，用不着深思熟虑。

（2）小组汇总和评估时，虽然要对异想天开、不切实际的回答予以剔除，但对其创意依然要表示鼓励。

3. 应用场景

（1）适用于需要有想象力和创造力的学习活动。

（2）适用于展开深入讨论之前的热身活动。

总而言之，在预备阶段，教学设计的重点在于激发学生的学习动机。首先是外部动机，通过合作学习，让小组和小组之间构成外部竞争关系，这能显著提升学生的学习动机；此外，内部动机更为重要，小组的共同目标和引发兴趣的合作游戏活动，都能很好地激发动机。

三、输入阶段合作学习怎么做？

经过了预备阶段的破冰活动，学生的学习动机被激发，于是课堂学习之旅开始了。

接着我们要讨论输入阶段的教学，这个阶段主要解决两个问题：（1）如何使用合作学习策略激活旧知？（2）如何使用合作学习策略输入新信息？

我们已经知道，人是用已知来理解新知的，学习就是新信息与旧知识的融合。但是，在学习过程中，仅仅拥有那些沉睡在长久记忆中的旧知还不够，还必须将其"激活"。

应该如何激活旧知呢？一个简单的办法就是直接告诉学生已经学过什么，帮助他们回顾和温习旧知；还有一个常用的方法是就旧知进行提问，让学生通过简单的回忆，从长久记忆中提取旧知。这两种方法都是有效的，但是研究发现后一种显然比前一种更管用。

合作学习在激活旧知方面，可以采用很多策略，其中被频繁使用的一种是卡甘研发的"采访法"，这种方法可以实现学生之间的相互提问，可以是两人组，也可以是 2~6 人组，甚至可以跨组和全班一起来。

根据采访法的要求，事先可以给学生提供用于激活旧知的采访问题清单，如：你可以告诉我上一课我们学了什么内容吗？我们一共要学习三个重要理论，你能否回顾一下我们已经讲到了哪两个重要理论吗？这学期我们已经学习了这一领域的几个实验，你能复述一下通过这些实验得出了哪些结论吗？

一些简单的游戏也被用于激发旧知，比如"像星星一样跳跃"，主要流程是：

（1）让全班同学起立，站成一枚星星的形状（两腿分开，手臂向上伸展）。

（2）告诉他们不能动，直到有人喊出了跟主题相关的一条重要信息，这条重要信息已经在课堂上或者之前的课堂上讲过。

（3）只要有人喊出一条相关的信息，每个人都跳到星星跳跃的第二阶段（双腿并拢，双手放在身体两侧）。

（4）重复这个过程，直到每个人完成大约十次跳跃。

"同伴分享"这一策略也能被用于激活旧知，这种策略要求学生在尽可能短的时间内，轮流把自己之前的学习收获与其他同伴分享。学习者在讲述自己的经验时，一方面在激活自己的旧知，另一方面也在激活其他学习者的旧知，在听取其他同伴经验的同时，学习者也得到了新的间接体验，这反过来又激活了自己已有的经验和相关的心智模式。

以上我们看到了合作学习在激活旧知方面的运用。下面我们讨论一下合作学习在呈现新知方面的运用。

激活了旧知后，教师就要将新信息输入给学习者，为了更好地授受新知，就要对新信息进行组织（结构化处理），使新信息"界面友好"，更符合人的心理结构。关于如何有效传递新知，梅里尔主要强调了三点：

紧扣目标施教

展示论证（举例）是不是和将要教学的内容相一致？即：

（1）是否展示了所教概念的正例和反例？

（2）是否展示了某一过程？

（3）是否对某一过程作出了生动形象的说明？

（4）是否提供了行为示范？

提供学习指导

教学中是否采用了下列学习指导？即：

（1）是否引导学习者关注相关内容信息？

（2）是否在展示时采用多样化的呈现方法？

（3）是否对多种展示的结果或过程进行明确比较？

善用媒体促进

所采用的媒体是不是和内容相关并可以增进学习？

总之，在输入时，我们先要厘清教学内容的内在关系，对新信息做结构化处理以后，再寻找合适的方式呈现给学习者。

这里有个问题：呈现新知主要是两种方式，一种是学生自学，还有一种是他人教授，那哪一种更好呢？这主要取决于两点：一是看学习内容是否贴近学生的最近发展区，越是接近最近发展区，就越是应该让学生自己学，这就是我们平时所说的"学生能自己学会的那就坚决不教"；二是看学生的自学能力，如果自学能力不够，要多"扶"，如果学习能力强，那就要多"放"。

如果我们决定由他人向学生教授新知，那么也有两种方法，一是同伴互助，二是教师亲自教授，这两种方法哪一种更好呢？也主要取决于两点：首先还是看最近发展区，如果贴近学生最近发展区，那就让学生们相互教，如果离最近发展区较远，教师就亲自教；其次是看学生教授他人的能力。自己掌握和教别人掌握有着天壤之别。关于相互教的问题，我们将在第六讲"互助式学习"中再详细讨论。这里只是强调，教师要千方百计创造让学生相互教的机会。

同伴互助的合作学习策略有很多，这里给大家介绍一种"接龙游戏"。操作步骤是这样的：

（1）选一个章节的内容说给组员听，组员要认真听讲。

（2）讲完后，把材料放在一旁，全组开始玩一个小游戏，比如棋牌游戏，时间一般为2~3分钟。

（3）游戏结束后，再讲一遍之前的内容。但是这一次，在每一段落的末尾都停顿一下，如果有组员能记得接下来的内容，就可以举手示意。

（4）讲解人抽查组员学习情况。

同伴互教未必就是高效的。同伴互教只是一种传播新信息的活动，与教师讲授一样，如果不能对新信息进行加工和编码，学习也只是浅表的。下面我们就要研究深度学习，即如何对新信息进行加工，并探讨合作学习在深度加工方面的运用。

四、加工阶段合作学习怎么做？

我们已经了解了在教学的输入阶段，新信息进入短时记忆，准备与已有的知识进行融合。接着就要完成对新消息的编码工作，这个过程也被称为"信息加工"。只有完成这一过程，学习者才能达成对新信息真正的理解。

我把信息加工过程比作是一场恋爱：预备阶段产生谈恋爱的动机；在输入阶段，选择了恋爱对象；到了加工阶段，则正式建立恋爱关系，两个人爱恨交加、水乳交融、死去活来，双方深度交往，甚至以激烈的冲突来加深对彼此的理解；到了输出阶段，那就要谈婚论嫁，敲定关系，准备白头偕老了；反思阶段则要对婚姻生活作经常性的回顾，进一步改善关系。如果你大致同意我的这个不太确切的比方的话，就明白课堂教学中这个"谈恋爱"的环节有多重要了。

这个环节中，为了促进知识理解，就要激发学习者对输入的信息进行深度思考。靠什么办法来激发思考呢？当然是课堂提问了。教师一般会提出以下三类问题。

一是开放性问题。这类问题没有固定答案，这有利于学生根据已有的认知，从多种角度进行思考，从而促进旧知与新信息产生融合。

二是争议性问题。有争议的问题易引起学生探究的兴趣，通过争论能激发深入思考，进而达到对知识的深度理解。

三是高阶思维问题。布鲁姆将认知水平分为六个层次，由低到高依次是：知道—理解—应用—分析—综合—评价。课堂提问的认知水平越高，思维水平也就越高。比如回答"鲁迅要是活着有没有可能得诺贝尔奖"就要比"鲁迅为什么是个伟大的作家"的认知水平要高，因为要回答前一个问题，需要高阶思维。而如果问"鲁迅写过哪些作品"，那就是最低认知水平的提问，学生回答这一问题只需要低阶思维。

教师的课堂提问极其重要，如果提问不当，会在一定程度上将思维"锁死"。

合作学习研究者主张，要创造机会让学生以合作的方式来提出有价值的问题。在《老师怎么教，学生才会提问》一书中，作者罗斯坦（Rothstein）和桑塔纳（Santana）提出了帮助学习者提高提问技能的步骤和方法，我做了一些优化和改编，供大家参考：

第一步：问题聚焦点。教师设计一个问题焦点，如"眼睛的演化""小数结构""你的权利受到宪法保护"。

第二步：围绕焦点提问。介绍提问规则，学生独立思考，并写下自己的问题。教师向学生介绍下面的四条提问规则：

（1）尽可能多地提问。

（2）不要停止提问而去讨论、评价或是回答任何问题。

（3）严格按照叙述写下每个问题。

（4）把所有的陈述句改为问句。

第三步：对问题进行分类。教师指导学生分小组讨论，然后进行问题分类，问题可以分为开放性和封闭性、争议性和共识性、高阶思维和低阶思维等。

第四步：改进问题。让小组代表将本组讨论的高水平问题写在黑板上，教师指导全班进行讨论，对这些问题进行修改，并删除那些不值得讨论的问题。

第五步：按优先顺序排列问题。教师组织小组讨论，指导学生如何按优先次序排列黑板上剩下的问题，具体可以这样进行：

（1）学生从问题清单上选出三个问题，选择标准如下：选出三个最重要的问题；选出三个你最感兴趣的问题；选出三个最能帮你设计学习任务的问题；选出三个可以帮助你达到学习目标的问题。

（2）学生按照如下步骤选择三个优先处理的问题：首先，回顾问题清单，快速讨论选择哪一个；其次，通过表决或者其他方式达成一致意见。

（3）学生解释他们选择这三个问题的原因。

（4）学生在小组中讨论选择的原因，并作好在全班进行解释的准备。

（5）学习小组提交他们选择的优先问题，向全班报告他们选择这些问题的根据。

第六步：使用大家选择的问题展开小组或全班讨论。

第七步：反思。教师帮助学生进行反思，主要内容是：我们是如何形成问题的？我从同伴或同学那里学到了什么？下一次活动你会有哪些改进？要求学生们都能独立写下自己的反思，小组汇总后，向全班汇报。

在加工阶段，教师的主要任务就是促进学习者对知识的理解，为此要提出激发思考的问题，我们可以使用合作学习策略引导学生提出高质量的问题。可是有了高质量问题后，我们该如何保证学生们的思考也是高质量的呢？

解决思考质量不高的问题，主要有两个办法：一是对学习者进行基本的逻辑训练，使他们学会按逻辑独立思考；二是促使思考"外部化"，来接受他人的逻辑审查。因为要把思考外部化，让思维过程可听、可见、可鉴，要接受他人的逻辑审查，人际互动就要发生了，合作学习当然不能缺席。

我们先来看看思维外部化的方法，主要是三种：写一写、画一画、说一说。

写一写，是指教师提问后，要求学生将自己的思考过程和结论写成文字，准备与他人交流。

画一画，是要求学生将自己的思维用图表方式呈现出来，便于与他人交流。

说一说，就是将自己的想法用口头语言表达出来。

学生在思考教师所提问题前，应该明确知道自己"思维外部化"的任务。要提前告知他们必须将思考成果写出来、画出来、说出来，这会倒逼学生们提高思考过程的质量，这有利于提高学习者在接受外部检查之前先进行自我检查。

因为教师所提出的问题是开放性的、有争议性的和分享性的，所以独立思考之后的成果就具有了讨论的价值。这时，教师就要组织学生展开"对话式学习"了。为此，要创造平等的和相互尊重的对话环境，以提高对话质量，并且要引入批判性思维，使外部审查更为有效。关于对话和对话式学习，我们将在第七讲中和大家集中探讨。

下面接着说合作学习策略在这个环节中的运用。

写一写的策略：围圈传

1. 实施步骤

（1）4~6 人小组围成圈；

（2）每个成员独立思考；

（3）由 A 先在纸上写出心中的答案或想法，然后传给 B；

（4）由 B 在纸上写想法，传给 C……直到全部成员写完；

（5）小组讨论，对纸上的答案或想法进行评估。

2. 操作要领

（1）所有成员的观点被记录下来，在围圈传时不进行任何评论；

（2）在其他成员书写时，保持安静；

（3）如果轮到自己，却没有内容可写，向大家道歉，然后传到下一位；

（4）可借鉴其他成员的内容，但自己在纸上写出的内容不能与他人重复。

3. 应用场景

（1）对事物进行分析，并找到现象背后的原因；

（2）需要提出创造性想法的学习活动。

画一画的策略：合作思维导图

1. 实施步骤

（1）给出一个固定的主题；

（2）围绕主题，每人独立写出理由；

（3）小组成员合作在纸上画出导图；

（4）向全班展示导图。

2. 操作要领

（1）要围绕主题，且以图形的形式体现；

（2）简洁，突出关键词；

（3）小组先讨论和构思，然后正式动笔。

3. 应用场景

（1）知识的复习整理；

（2）需要发散思维的创造性学习活动。

说一说的策略 1：综合排序法（小组）

1. 实施步骤

（1）向参与者提供或由他们自己创建一系列不同的决策意见；

（2）每位小组成员按个人观点从高到低对意见进行选择和排序；

（3）在小组中对每种选择的结果作出统计并重新排序；

（4）每个小组选出一位成员，代表小组公布统计结果；

（5）各小组向全班公示最高得分项，并阐明小组理由。

2. 操作要领

（1）每个人都应该在不受暗示和干预的情况下作出价值选择；

（2）每个人都应充分发表自己的观点，在此基础上进行小组综合；

（3）虽然要形成小组意见，但每个人都有保留自己观点的权利。

3. 应用场景

（1）小组产生意见分歧时；

（2）价值观的讨论。

说一说的策略 2：一人走，三人留（跨组）

1. 实施步骤

（1）小组讨论形成方案；

（2）每个小组派一名代表离开本组到其他小组交流方案；

（3）听取其他小组对本组方案的建议；

（4）离开其他小组，回到本组，进一步修正本组方案。

2. 操作要领

（1）应在教师指令下统一行动；

（2）每个小组只能派出一名代表，只能接纳一名外组代表；

（3）也可使用"三人走，一人留"的方法。但要规定三人不能都去同一个外组。

3. 应用场景

（1）完善解决问题的方案；

（2）创造性思维活动。

说一说的策略 3：四角站立法（全班）

1. 实施步骤

（1）对某一开放性问题，思考自己的立场："非常同意""同意""反对""非常反对"；

（2）相同立场的学生站在一起，构成四个谈话角；

（3）每个谈话角选出一名代表做主持，在成员中收集支持本立场的论据；

（4）主持人代表本谈话角向全班陈述立场；

（5）四位学生陈述完立场后，成员可变换立场，站到新的立场角落；

（6）改变立场的学生向全班解释改变立场的原因。

2. 操作要领

（1）提示学生尊重和倾听其他立场学生的发言；

（2）主持人收集论据时，应对有所贡献的成员进行赞美；

（3）当噪音过大时，教师应予以干预；

（4）鼓励学生不碍于情面，要袒露自己真实的想法。

3. 应用场景

（1）需要发表自己观点的开放性学习活动；

（2）需要对自己观点进行修正的学习活动；

（3）需要打破小组建立更大范围合作的学习活动。

以上我们介绍了一些用于加工阶段的合作学习策略，这些策略都是为了促进课堂对话，使学生在理性的支持下对知识进行有广度又有深度的思考。

五、输出阶段合作学习怎么做？

加工阶段的主要任务是将新信息与旧知识进行融合，从而达成对新信息的理解。但是，"理解"并非教学的最终目的，教学应该能使学习者将所学到的知识迁移到真实生活中以形成能力。

什么是能力？可以给能力一个简单的公式：能力（C）是知识（K）、技能（Sk）和情境（S）之间互动的结果，即 $C = f（K，Sk，S）$。简单地说，能力就体现在某一个情境所习得的知识能被应用到另一个情境之中。按照认知心理学的说法，只有通过广泛地迁移，原有经验才能得以改造，才能够概括化、系统化，原有经验的结构才能更为完善、充实，从而建立起能稳定地调节个体活动的心理结构，即能力的心理结构。

迁移是习得的知识、技能与行为规范向能力转化的关键环节。那如何促进迁移呢？

促进近迁移和远迁移的方法不同。所谓近迁移，是指每一次执行任务的应用场景都差不多，各次应用情境之间有诸多共同要素或者结构特征相匹配；所谓远迁移，是指任务执行者需要将某种原理或规则根据实际情境的需要进行调整。对学习者而言，远迁移比近迁移表现出更强的能力。

一般而言，促进近迁移的方法，主要是对所学知识做多次"提取"；而促进远迁移，则主要是创设多种情境，让学生尝试自己解决问题。无论要促进近迁移还是远迁移，都要提供机会，让学生们完成"输出"的工作，对所学知识进行提取和应用。

以下是一些提取类活动，以促进近迁移：

（1）当堂测试。通过完成测试题，对所学知识进行提取。

（2）个人陈述。为学习者提供机会，让他们加工新信息，并把信息传递给其他人。

（3）图形编辑器。使用图形编辑器，让学生创建脑认知地图，从而加强学生的学习，唤起学生对教学资料的记忆。这里要提一个很有意思的术语"知识可视化"，是指用图解的方式去建构和传达复杂的知识，并以此来帮助人们正确地去重新建构、记忆和运用这些知识。当知识以图解的方式呈现时会更加形象和具体，能够更容易被理解和记忆。

除了思维导图，还有不少有助于思维结构化的方法，比如对比图、柱状图、树状图等；还有些图可以显示和训练人的思维方式，比如 SWOT 分析法、5W2H 分析法、鱼骨图分析法、六顶思考帽法、金字塔原理、麦肯锡七步分析法等。

（4）同学互教。使用"一帮一"模式，或者用某种方式让学生之间相互教学、相互解释，以便加深理解。输出阶段的互教与输入阶段的互教不同，输出阶段的互教更注重教授者说出自己的思维过程，要求做有声思考。

下面来说说促进远迁移的方法。建构主义认为，应组织学习者进行转换学习和拓展性活动，这么做能提高远迁移的概率。也就是要让学生对所学的内容进行确认，并能在真实情景中加以运用。

以下是建构主义主张的情境类方法，用于促进远迁移：

（1）创造性改写。使用大家耳熟能详的故事、笑话、歌曲和神话等题材，将新知识编入其中。通过这种方式，知识被转化到不同的情景当中。

（2）制造模型。创建模型（二维或三维模型）去具体陈述一个抽象的概念。

（3）表演。将新知识融入到戏剧、音乐或舞蹈的表演中。

（4）角色扮演。让某些学生扮演历史角色或者小说主角，而另一些学生扮演一次访谈活动的记者，通过角色扮演，为学生提供模拟的角色体验。

（5）辩论、讨论和质询。为学生们提供一个机会去解释他们的真实想法。

（6）项目化学习，也就是常说的 PBL。基于真实情景，以问题为驱动的项目化学习，是一种促进学习者实现知识迁移的好方法。

下面小结一下，输出阶段关注的是知识的迁移，主要方法是提取类活动和情境类活动，那么合作学习在哪里呢？

先简要说说促进近迁移的提取类活动，刚才我们已经讲到当堂测试、个人陈述、图形编辑器、同学互教四种方法，合作学习可以在其中发挥作用，现在我们来学习另外四种方法。

提取类活动策略 1：组际批阅法

1. 实施步骤

（1）所有学生完成独立小测试；

（2）各小组派出一名检查员到其他小组；

（3）检查员按标准答案对答题纸上的答案进行批阅；

（4）检查员向每一位被批阅的成员反馈批阅结果，并回复对方的疑问；

（5）将小组分数誊写在分数公示栏。

2. 操作要领

（1）批阅时，批阅者应低声诵读答题纸的答案；

（2）回复被批阅小组的疑问，直到对方信服；

（3）如有批阅错误，应向对方表示歉意；

（4）批阅者和被批阅小组有较大分歧时，则请教师作出仲裁。

3. 应用场景

有标准答案的学习活动。

提取类活动策略 2：复述通行证

1. 实施步骤

（1）将学生编为 4～6 人组；

（2）A 将自己的想法阐述给其他成员，B 在发表自己的观点前先复述 A 的想法；

（3）A 确认 B 的复述，表示复述无误，B 方能开始发表观点；

（4）其他成员依次依规进行。

2. 操作要领

（1）要求每个成员必须倾听，才能作出概括性复述；

（2）如果后一个成员的复述未经前一个成员认可，不能发表观点。

3. 应用场景

（1）将自己的观点建立在其他成员基础上的合作活动；

（2）对所有的观点进行总结和梳理的学习活动。

提取类活动策略 3：连环画展法

1. 实施步骤

（1）小组合作，以连续性图画和台词呈现学习成果；

（2）各小组在指定位置上张贴连环画，并向大家说明；

（3）参观其他小组张贴的连环画，将自己的意见写在纸上贴在连环画旁边。

2. 操作要领

（1）制作连环画时明确小组分工，一人统筹，一人绘画，一人配台词，一人向大家说明；

（2）通过设置起、承、转、合或收场等固定模式来润色故事，也可制作四格漫画；

（3）观看完作品后可以将意见写在便签上，贴在作品旁边，也可以准备意见本或留言本。

3. 应用场景

（1）讲故事和设计情节的学习活动；

（2）学习活动的展示环节。

提取类活动策略 4：智慧循环圈

智慧循环圈来自卡甘的原创，具体流程如下：

（1）教师面向全班提出一个具有一定难度的问题，学生中产生能回答这个问题的学生，一般是 3~4 名，这些学生被称之为"智慧者"（the sages）。

（2）学生离开自己的小组，走向不同的"智慧者"，围绕着"智慧者"形成不同的"智慧循环圈"。注意的是，一个"智慧循环圈"只能拥有一位"智慧者"。

（3）在"智慧循环圈"里，"智慧者"向大家讲述他所知道的知识，同时，其余学生认真倾听、提问和做笔记。

（4）最后，所有学生回到他们原先的合作小组中，每人轮流来解释他所学到的知识内容。因为很多同学去的是不同的智慧圈，所以有可能会有不同的观点产生，此时，在合作小组内，学生共同讨论，解释交流，最后达成一致意见。

以上介绍了合作学习在提取类活动中的运用，接下来要介绍情境类活动中合作学习策略的运用，主要给大家介绍三种：情境扮演、合作辩论和合作探究性活动。

情境类活动策略 1：情境扮演

1. 实施步骤

（1）小组准备活动：确定问题，明确情境，编创脚本，解释角色要求；

（2）挑选扮演者：分析角色特征，选择合适的角色扮演者；

（3）安排场景：确定表演程序，重述角色，进入表演情境；

（4）组织观众：确定观察任务，分配观察任务；

（5）表演：观看表演；

（6）讨论和评价：对表演进行讨论和评价；

（7）重新表演：表演修改过的角色；

（8）再次讨论和评价：对二次表演再次进行讨论和评价；

（9）分享经验和总结：把问题情境与现实经验以及当前问题联系起来。

2. 操作要领

（1）鼓励学生自由、真实地表达思想和情感；

（2）要创设问题情境，让一个或几个角色都处于两难境地而又必须作出选择。

（3）电影、小说及故事可以给问题情境提供素材。

3. 应用场景

（1）理解学习材料上的关键内容；

（2）让学生的多种智能都能获得发展的学习活动；

（3）培养学生想象力和创造力的学习活动。

情境类活动策略 2：合作辩论

1. 实施步骤

（1）教师对需要辩论的问题进行讲解，或为学生提供有关材料，或由学生自己进行研究并收集相关材料；

（2）把学生分为四人小组，每组又分成两方，每一方持一种立场，并准备向另一方陈述立场；

（3）双方陈述指定的立场，一方陈述时，另一方应该做好记录，并保持沉默；

（4）陈述之后，进行辩论，力争说服对方；

（5）双方交换立场，准备陈述与此前相反的观点；

（6）学生就新指定的立场重复（3）和（4）；

（7）不再给学生指定立场，每个学生陈述自己对这一问题的看法和观点，小组力争就这一问题达成一致。

2. 操作要领

（1）辩论前，学生对所讨论的话题应有所了解；

（2）鼓励学生自己收集与辩论相关的材料；为提供背景知识，教师可稍作讲解，或为学生提供相关材料，但鼓励学生自己进行研究；

（3）辩论结束时力争达成一致，达成一致的努力是合作辩论法的核心。

3. 适用范围

（1）价值观层面的讨论；

（2）探究性学习活动。

情境类活动策略3：合作探究性活动

美国近20年来发展出一种合作学习策略——合作探究性活动（Fostering Community of Learners，FCL）。FCL的主要目的是希望学生能自由设计学习内容，并达到精通的水平。FCL属于典型的探究式教学。概括来说，FCL有三个主要活动，分别是研究、分享知识和后续活动，并且形成一个循环系统。

1. 研究阶段

（1）相互教学和研究讨论。六个学生一组，学生们轮流领导同组其他成员。根据所挑选的文章或其他有关研究性材料，进行四项活动：问问题、写摘要、澄清疑虑和预测下文。

（2）引导写作。写作可帮助学生厘清自己的研究成果和概念，并展示成果和将此研究成果分享给其他同学。

（3）与专家讨论。如果学校教师并不专长于某一特定领域，可邀请这方面的专家和教师一起，针对学生所研究的主题，为他们提供资料，并引导全班进行深入学习。

（4）学生互教。通过面对面或线上讨论，让学生进行互教。

2. 分享知识阶段

学生分组研究后，必须经由一些经过设计的活动，如拼图（jigsaw）等，将研究发现分享给全班同学，接着才能做其他后续活动。

3. 后续活动阶段

FCL 的教学强调思考的重要性，主要是两个活动：

（1）在每个研究结束后予以考试，以确定学生是否对这个主题有深入了解。与一般考试不同，FCL 的考试题目可由学生自定，这么一来，学生对所要教育他人的研究成果会予以更审慎的处理。

（2）设计有思考性的问题，使学生能将所讨论的子题和主题涵盖进去。

以上介绍了促进近迁移和远迁移的方法，以及合作学习策略在提取类活动和情境类活动中的应用，希望对读者有启发。

六、反思阶段合作学习怎么做？

反思阶段的教学，主要任务就是要通过反思性活动，提高学生的元认知能力，从而使其成为一名优秀的学习者。

因为反思行为很难靠学习者自动习得，所以教师就要帮助他们，促使他们对学习结果和学习过程进行认真的反思，为此要做好以下几件事：

其一，对学习者的学习成果进行反馈。因为人们能看到眼前的事物，擅长对眼前的事物进行"正思"，却往往看不清自己。为了看清自己，那就要借助镜子，所以反思一直是和镜子的隐喻联系在一起的。从教学的角度看，反馈就是教师摆在学习者面前的那面镜子。

其二，基于标准的评价。教师对学习者的学习所作的反馈，要有依据，要有标准，而且要保持较高的信度和效度。否则"镜子"就失真了，变形了，成了"哈哈镜"。虽然对学习的评价应该在课堂教学的每个阶段进行，但是在反思阶段作出评价却是最为关键的。

其三，促进学习者进行反思性思考。教师基于标准形成反馈意见，并对学习者作出反馈，其目的是为了促进反思。那学生应该怎么反思呢？教师可提出如下反思性提问：

（1）这一课你学到了什么？

（2）今天的课上你有哪些优点？

（3）今天用过什么学习方法？用得好吗？

（4）今天学到了什么？举例说明如何或何时使用它们。

（5）怎样才能改进你今天的课堂表现？今天你为什么会有进步？

（6）根据今天的课程和你所做的努力，下节课你的目标是什么？

（7）你在今天的课上做得最好的事情是什么？为什么？

（8）我们未来如何在今天的学习基础上提升？

但是，以上这些反思性问题对于合作学习来说还不够，教师还应要求学生对合作学习的表现进行反思。合作学习研究专家阿朗逊（Aronson，1978）开发的小组学习过程反思清单如下：

（1）你将用一个什么词来形容今天的小组活动？

（2）你将用一个什么词来描述理想中的小组活动？

（3）每个人都参与了吗？

（4）每个人都试图使他人感到愉快了吗？

（5）你能畅所欲言吗？

（6）你能积极倾听吗？

（7）你是用点头表示你在听吗？

（8）当你喜欢某样东西时，是否会说"好极了"？

（9）你能积极提问吗？

（10）你在倾听时是否想努力回答这些问题？

（11）你能注意他人吗？

（12）有人垄断谈话吗？

以上给大家介绍了反思阶段教师的主要任务，这些任务都可以用合作的方式来完成，尤其是使用对话式合作学习策略。关于对话式合作学习，我们将在第七讲中进行深度探讨。

教学过程中的合作学习

《我最喜欢的人物形象》说课稿

深圳市景贝小学　吴丛莎

"我最喜欢的人物形象"这一教学内容在口语与交际单元内，语文要素是"根据要求梳理信息，把握内容要点；根据表达的需要，分段表述，突出重点"。本节课要求学生在充分阅读实践的基础上，参加"我最喜欢的人物形象"交流会，将自己喜欢的文学作品或影视作品中的人物介绍给大家。以下是我安排的教学活动过程：

一、预备阶段：激趣导入，引出主题

我先安排合作性的游戏作为热身，让学生们看图片、听描述，猜一猜人物；而后两两结伴，说一说自己最喜欢的人物，并说出理由。

二、输入阶段：实例引路，明确要求

我首先安排学生听音频，注意音频中的那名同学是如何介绍自己最喜欢的人物形象——哪吒。在听之前，我让学生思考三个问题：（1）她是从哪几个方面来介绍人物的呢？（2）她是怎样表述喜欢的理由的？（3）你对她的哪些介绍印象深刻？

听完音频后，我让两人组同伴之间"轮流说"。然后全班交流，总结出分条表述的方法：运用数字、顺序词、关联词等。

三、加工阶段：初试身手，积累经验

在学生掌握基本方法的基础上，我要求学生独立思考以下问题：（1）你喜欢的人物是谁，出自哪部文学或影视作品？（2）分条讲述这个人物有哪些鲜明的特点，你为什么喜欢这个人物。

思考完之后，让学生借助自己课前整理的人物信息卡进行独立自由练说。而后请1~2位同学上台进行分享，其他同学认真倾听，听完后进行评价和提出建议。分享完之后，再次播放视频，体会优秀的人物介绍到底好在哪里。

在反复练习后，使用"接力法"让学生们进行小组合作交流和分享：每位成员接力介绍自己最喜欢的人物形象，其他成员认真倾听，并进行评价、提出建议。而后组内选出最佳讲述者准备代表小组展示。

在小组交流分享的基础上，我安排了"一人走，三人留"的合作学习策略，让小组内最佳讲述者作为留学生到其他小组进行交流展示，组员对留学生的展示进行评价并给出建议。留学生回到小组，根据收集到的建议再次进行修改、完善。

四、输出阶段：全班展示，分享成果

这是整堂课最高潮的部分了，我宣布"我最喜欢的人物形象"读书分享会正式开始，然后抽取小组代表上台展示。在小组代表展示时，所有听众进行评价，以小组为单位投票选出最佳讲述者和积极参与者。

五、反思阶段：总结成果，交流反思

这堂课的最后阶段，我让学生反思，这堂课学到了什么，有哪些收获，然后与同伴聊聊自己在合作学习方面的表现。

自我反思

本次口语交际是借助"我最喜欢的人物形象"交流会，结合学生的阅读经验，打开交际话题，进一步激发学生阅读后的表达欲望，提高学生清楚表达观点与倾听时抓重点的能力。

现将本节课的反思总结如下：

第一，开展前置性学习。课前引导学生搜集整理自己最喜欢的人物形象的资料并制作人物卡，从学生的反馈来看，他们对本次的口语交际很感兴趣，也为课堂合作学习作了充分的准备。

第二，课堂环节设计层层深入。先是在预备阶段使用合作小游戏激发学生兴趣。在输入阶段，我尽量以范例引导学生自己总结说的要求和方法，这时候也用到了两人之间的合作学习。而后在加工阶段，通过学生自行练说、同伴间的互说，让学生们都能尝试表达以进行多次加工编码；接着，以小组合作和跨组合作的策略，两次开展交流、互动、评价。在输出阶段，我安排了班级展示、师生共评，实现全班的合作学习。整个课堂活动比较流畅，学生参与度高。

第三，在教学中，我注重发挥学生的合作意识和探究精神，在加工环节我运用"接力法"让小组成员轮流发言，并选出最佳讲述者，充分调动了同学们的积极性，让每位同学都有了表达的机会；同时进行组内评价互动，通过同伴互助规范表达，也促进了积极倾听。整堂课下来，学生乐于表达，认真倾听，部分学生能大方礼貌地进行评价、提出建议，表达自己的感受，基本达成了教学目标。

第四，课堂上设置了"组际交流"，目的是进一步扩大交际面，并希望通过"一人走，三人留"的策略促进个体表达的进一步提升。但这一环节中学生的评价、修改水平还较低，且我的引导不足，没有达到预期效果。

第五，因为自身课堂掌控和应变能力还有待加强，对口语交际能力相对较弱的个别同学还需给予更多的关注与指导。

课堂总有遗憾，但不断地反思能让我们保持清醒，更好地前行，我也将针对自己的不足继续改进，在实践中不断提升自我。

思考与练习 > 1. 谈谈你对课堂教学过程就是"从扶到放"的过程的理解，并谈谈在这个过程中，合作学习为什么是必不可少的？

2. 说出合作学习在一堂课的预备、输入、加工、输出、反思等五个环节中的作用。

3. 尝试设计一堂课，体现预备、输入、加工、输出、反思等五个环节，并在每个环节中都使用一个合作学习策略。

第6讲 | 互助式学习

学 习 目 标 > 1. 了解互助式学习的定义；了解互助式学习在学业成绩和
情感培养方面的作用。

2. 掌握让学生"乐助"和"善助"的基本方法。

3. 掌握四种堪称经典的互助式学习策略：两人互查法、
MURDER、小先生、Jigsaw；能用互助式学习策略设计
一堂课。

一、什么是互助式学习？

互助式学习是合作学习策略中的一大类，恐怕也是合作学习中最"古老"的一类了。在出现合作学习这一正式称谓之前，互助学习就已经很普遍了。

互助式学习在我国古代学校教育中很盛行，《学记》中就提出"相观而善""独学而无友，则孤陋而寡闻"；孔子也说"三人行，必有我师焉"；到宋代，出现了专门的"伴读"，就是陪皇族或富家子弟读书的人。同学、朋友之间相互学习，相互切磋，取长补短，共同进步，自古就是非常动人的场景。

在20世纪30年代，陶行知先生提出了"小先生制"，要求学生一边当学生一边当"先生"，他提出了"即知即传人""结对子""一帮一"等连环教学法，以应对当时旧中国文化落后、教育资源匮乏的困境。如今，我国中小学校依然有学校沿用当年的方式进行互帮、互助、互教的，这不仅在一定程度上减轻了

教师的教学任务，也促进了后进生的转化和健康成长。

我国港台地区，也在广泛开展"同侪辅助"的实践，很多学者认为同侪辅助的做法既能满足学生寻求协助的需求，减少学习落差，又可以培养学生解决问题及协作与交流的能力。

以上给大家介绍了互助学习的历史渊源。那到底什么是互助式学习呢？

英国的合作学习研究学者托平（Topping）和尔利（Ehly）在《同伴互助学习》一书中提出："所谓同伴互助学习，是指通过地位平等或匹配的伙伴（即同伴）积极主动的帮助和支援来获得知识和技能的学习活动。"

从这个定义中，我们可以看到互助学习的三个特点：

其一，主要用于获得知识和技能。一般来说，需要学生互助学习的内容，都是有相对固定的答案的，如果需要高水平思维活动、探究性活动和有创造性解决问题的任务，则多使用对话式和协作式合作学习。

其二，同伴是相互匹配的。一般是将学优生与学困生进行两两配对。从信息流的角度看，互助学习的信息流是单向的，也就是信息从学优生流向学困生，而对话式、协作式合作学习的信息流是双向或多向的。

其三，注重同伴情谊。虽然在配对时强调差异性，但是在具体学习中，却要建立人格平等的意识。为此，教师应采取各种方式使互助组内形成相互尊重的氛围，鼓励双方积极主动地帮助和支援对方，赞美感恩和回报行为。

知道了什么是互助式学习，下面要谈谈互助式学习的好处。概括起来主要有两点：一是提高学习成绩；二是满足情感需求。

互助式学习之所以被广泛使用，在很大程度上是因为能提高学生的学业成绩，理论上的解释是这样的：

（1）贴近最近发展区。维果斯基提出了著名的最近发展区概念，认为在同伴互教过程中，"导生"起到了类似教师的社会性榜样作用和指导作用，更容易创设有利于认知发展的"最近发展区"。

（2）提高了参与度。因为需要共同完成互助性任务，全体学生都获得了参与教学的机会，课堂参与率大大提升。学生们有更多的机会来给予或接受帮助，而提供帮助的人不仅仅是教师一个人。

（3）提高了认知水平。在进行知识解释的过程中，不管是给予帮助还是接受帮助，互助双方的学习都得到了促进，认知水平都得到了发展。

（4）激发了学习动机。互助式学习增强了希望获得成功的动机，那是因为学习困难的学生受到了更多的鼓励，而优秀生在帮助他人的过程中获得了更多的成功体验，这也激励他们学得更好。

（5）促进了信息加工。学习者对新知识进行认知重组或阐释，最有效的方式是向他人解释所学的内容。

（6）降低了焦虑程度。互助行为让每一个学生都有一种归属感，有助于降低焦虑感；在正式回答问题之前，学习者在组内先进行讨论交流，及时修正自己的错误观点，降低失误率，这也使学生的自尊心受到了保护，自信心得到了增强。

以上介绍了互助式学习对学习成绩产生积极影响的原因。下面简要讲讲互助式学习对情感培养方面产生的积极作用。

可以说，互助式学习最大的魅力就在于满足了学生的情感需要。学生要学习如何为他人提供帮助，如"需要我帮你找到那个部分的内容吗"；学生还要学会如何接受这样的帮助，如"好的，麻烦你啦"；还需要知道什么时候以及怎样从他人那里获取帮助，如"我不太明白这一点，你能解释一下吗"；他们甚至还要学习如何优雅地婉拒别人，"我想再自己试一试，不过还是要感谢你"。

求助和帮助，没有比这样的行为更能让人体验到人间的美好情谊了。同学时代的这些美好记忆，会在孩子们的心里珍藏一生。

人的尊严、幸福和自我的实现不是个体自给自足的，只有在与他人的相互依存关系中才能得到表现和确证。课堂归根到底是人的世界，是伦理的世界，而不是分数的世界、功利的世界。

二、如何教学生乐助善助？

我们已经了解了什么是互助式学习及其在学业成绩和情感方面的积极作用，接着我们讨论两个问题，一是乐于助人的问题，二是善于助人的问题。前者解决互助的动机问题，后者解决互助的能力问题。

首先是乐于助人的问题，主要解决"愿意不愿意"的问题。一味灌输"乐于助人"的大道理恐怕很苍白，没什么太大的实际用处，关键是要创造一个互帮互助的心理环境。以下是建设良好心理环境的建议：

（1）平时教师就应该在班级中营造相互帮助的氛围，鼓励乐于助人的良好行为，表彰乐于助人的学生和互助组。

（2）教师要多多强调每个人都是帮助者，每个人都有自己的长处也有短板，所以才需要互帮互助。

（3）帮助学生建立"成长型思维"，克服"固定型思维"，避免给学困生贴标签和制造刻板印象，要创造让学困生也能帮助他人的机会。

（4）实施捆绑评价和增量评价，鼓励进步，鼓励互助组与过去作比较，而不是一味地与其他小组竞争。

（5）在学伴配对方面，让好朋友结组不是明智之举，要坚持混合分组的原则。据观察研究发现，在互助活动中，如果让两个好朋友结对学习，他们更容易偏离学习主题，更容易只抄袭答案和追求结果，他们的学习内容更少，互动频率也更低；因为是好朋友，他们的冲突反而增加了，尤其在生气的时候，更容易挑剔或互相嘲讽。

（6）为了支持并促进学生之间的互助行为，教师还应该与学生家长充分交流。一些优秀生的家长不愿意自己的孩子帮助其他同学，甚至有些家长会告诫自己的孩子不要管别人的闲事；一些学困生的家长得知自己的孩子成为别人的帮扶对象，对自己的孩子会很失望，可能导致消极情绪的产生。所以，教师要把握家长的心理状态，向家长宣传互助行为对不同发展水平的学生所带来的好处，帮助家长认识到同伴互助在孩子情感发展方面的不可替代的作用。

以上介绍了创造良好的心理环境使学生乐于助人的方法，下面要解决更为关键的问题，如何教学生会助人。

我们可以将互助行为分为"随机互助"和"有计划互助"两种，"随机互助"是学习者之间随机发生的，这是一种在互动中为彼此搭建知识或情感支架的互助行为；"有计划互助"是一种正式的、有目的的互助，主要包括讲授、讲解、讲评、讲述和指导。

先来讲随机互助。随机互助的关键是要教会学生为同伴提供知识或情感"支架"。

（1）鼓励积极参与。据统计，合作学习中同伴支架作用占比最高的就是鼓励参与。小组学习中经常会出现部分学生不参与的情况，这些学生可能不会表达，也有可能不善于表达，容易导致小组学习变成一两个人的学习。因此，教师要教学生鼓励同伴参与的技巧，比如"同伴点名""拍对方肩膀示意""消除同伴顾虑"等。

鼓励同伴参与也是一种情感支持，同伴的鼓励和敦促可以消除顾虑和减轻压力，尤其对不够自信的学生来说，他们怕自己犯错误，怕因为被同学取笑而产生挫败感，因此在互动过程中获得积极的情感支持十分重要。

（2）提供恰当词汇。在讨论时，对方经常会"卡住"，怎么也想不起来说什么，就会求助。一些求助是显性的，而另一些则是隐性的。教师要教学生们如何识别隐性求助，比如对方犹豫、停顿、焦急等，这时就要给对方适时的提示。

（3）提供补充观点。发言时，常常会遇到暂时无法想出恰当观点或者观点表述不完整的时候，这时同伴应积极提供观点以协助谈话者。教师要帮助学生掌握识别同伴"表述困难"的能力，掌握给对方作补充说明的技能。

（4）纠正错误表达。同伴有时候会发生语言上的错误，有词汇和语音错误，也会有语法错误，这在语言学习中十分常见。教师要教学生认真倾听，并及时发现这些错误，及时地给予对方反馈和提示。

（5）解释任务规则。在小组互动时，可能遇到同伴对合作任务不理解的情况，如果不能消除不理解，则合作活动无法顺利开展，这时就要主动向同伴作出解释，以提高小组活动效率。

（6）维持既定目标。有时候，在小组讨论时因受到某个观点的吸引，出现后续讨论偏离主题的情况。这时需要有人及时提醒大家注意既定目标，将话题拉回到目标活动当中。有时候，虽然大家都能明确目标，可往往在讨论中不由自主地发生跑题的情况，这时最早发现这一危险的学生，应及时将大家拉回主题。

以上给大家介绍了"随机互助"的方法，下面要介绍"有计划互助"的行为，主要包括讲解和指导两种行为。无论讲解还是指导，都是专业性较强的教学工作，对学生来说，要学习一些基本的技巧才能胜任。

先介绍"讲解"，再来讲"指导"。

由一方向另一方传递信息，统称为"讲解"。具体来说，这样传递信息的行为包括讲授、讲解、讲评和讲述。

讲授是最系统而准确地传递信息；讲解是向同伴作解释，在同伴有疑问的时候，对知识作解释，尤其用于讲解解题思路；讲评是对同伴的练习作业或测试结果作点评；讲述是向同伴介绍一个事实性的材料，或者描述自己的某段经历和体会。

首先是讲解。讲解既要"讲对"，又要"讲好"，对于一般的学生而言，这很难做到，需要学习。

"讲对"是指一方传递给另一方的知识信息必须是正确的。学习者相互教，如果教错，应该算是一个"教学事故"了，那还不如教师亲授。为了消除这一潜在的风险，建议主讲学生只讲授简单内容，并配之以测试检查，以确保知识信息的传递不走样。

"讲对"尚且不容易，"讲好"就更不简单。按照梅里尔的说法，学生所要学习的知识有两种水平：一种是"信息"，另一种是"刻画表现"。"信息"是概略性的、抽象的和粗略的，泛指所有情况；而"刻画表现"则是限定的、具体的，特指某一情况。

呈现"信息"是教学最常见的方式。教学中所呈现的信息往往只带有一些需要复诵的内容，比如"英国的首都在伦敦"，在教学中，这类内容只需要告知。但是，面对概念和原理这类知识，梅里尔认为这些属于"刻画表现"水平的信息，仅使用告知式的教学方式是鲜有成效的。那些"刻画表现"水平的知识，在讲解中就要对学生提出更高的专业要求，梅丽尔认为：

（1）提供用于解释、说明所教知识的例子，除了正例，还要有反例，最好还要有拓展性的例子。

（2）要充分展示知识的论证过程和递进逻辑，对不同的论证过程进行明确比较。

（3）采用多种呈现表征的手段——视觉的和听觉的，尽量增强直观性，做到形象生动。

（4）讲授的内容和方式要指向学习目标，如果与预期的学习结果类型不一致的话，学习的效果就难以保障。

以上这些要求是不是很苛刻？是的，很苛刻，我估计即使是教师，讲解"刻画表现"水平的知识也会存在一定的操作问题，而要让学生们如专业上合格的教师一样教他们的同伴，风险是可想而知的。

要解决让学生"教好"这个问题，教师一定要给帮助者提供优质的示范演示，带领他们反复做模拟练习，这样才会有更多的学生不仅能"教对"，而且也能"教好"。

因为让学生传递知识存在一定的专业门槛，所以互助式学习中的讲解在小学中低年级是不宜开展的，而应该鼓励他们进行相互指导。指导一般发生在教师讲解知识之后，可以加深对知识的理解。如果有人没搞懂，那么同伴间的指导就能登场了。但是，也要教给学生"指导他人"的方法。应如何有效指导他人？

以下介绍指导前、指导中和指导后的操作要领。

指导前，要观察与倾听。指导只有在需要的时候或者当机会出现的时候才进行。

指导中，要征询和阐述。征询是提出开放性问题，是一种启发式的指导。比如："如果……，将会发生什么呢？""你对我们目前的进展有何感受？""你认为开展合作学习，我们面临的主要问题是什么？"通过一系列的开放式询问，可以将对方的态度、观点、立场、见解、看法等逐一了解清楚，从而构思出有效的指导意见。

指导后，要反馈与确认。在指导后，指导者对对方的行为变化要及时给予反馈与确认。如何给予反馈和确认？如我们可以询问："我刚才的提议你觉得有没有道理？""我的建议对你是否很有帮助？"

以上我们了解了互助式学习中最为关键的一个操作性问题——教会学生助

人的方法，一是讲解，二是指导。

以上我们了解了互助式学习的好处和操作要领，下面要谈谈互助式学习在教学场景中的运用。

互助式学习不仅运用在课内正式学习中，而且在课后非正式学习中也很有用武之地。这里只介绍课内的正式学习中互助式学习的应用场景。

在第 5 讲中，我们已经了解了课堂教学的一般流程，以及合作学习在其中所发挥的独特作用。那么，在教学的"预备—输入—加工—输出—反思"这五个环节中，互助学习在哪里呢？

一般建议在输入阶段尽可能多地使用互助式学习，因为这个阶段的主要任务是传递新信息，可以通过互教来完成。此外，输出阶段需要呈现学习成果，在"提取类"或"情境类"活动中，都需要学生相互帮助，相互指导。当然，这只是说互助是学习主要的运用场景，不等于说在预备、加工和反思阶段就不需要互助；也不等于说互助式学习只是在输入和输出阶段由教师组织和安排，互助行为经常是随机发生的，特别是在同伴之间已经构成了积极的相互依赖关系，学习者互助行为的主动性就会得到提高。

前人研究了不少管用的互助式学习策略，那些经典的策略看似简单，其背后却都有坚实的学习理论作为支撑，在操作步骤和要领上蕴含着开发者的"巧心思"。接下来给大家介绍两人互查法、MURDER、小先生、切块拼接法四种堪称经典的互助式学习策略。

互助式学习 1：两人互查法

1. 实施步骤

（1）两两结对，分别为 A 和 B。

（2）给每人发放同样的学习材料，学习材料以问答形式出现，且学生未学习过。

（3）A 向 B 提问，所提问题是材料中指定的；B 在不看材料的情况下回答 A 的提问。

（4）A 听了 B 的回答后，向 B 寻求解释，要求 B 说出自己的思维过程。A 可以问："你是怎么想的呢？"或者问："你为什么会这么认为？"B 回答 A 的追问。

（5）A 听完 B 的解释后，给予 B 反馈，反馈时应对照答案，只反馈：①回答正确；②回答错误；③基本正确，但还不够完善。如果 B 的回答错误或者不够完善，A 有责任把正确答案告诉 B。

（6）A 要求 B 把正确答案复述一遍，B 复述答案，在回答不了时，B 向 A 寻求帮助，A 予以帮助。

（7）轮换角色。重复步骤（3）到步骤（6）。

2. 操作要领

（1）发放给学生的学习资料应尽量事先未被阅读和学习。

（2）无论回答是否正确，都应向对方阐述自己的思维过程，如有疑问可以继续追问。

（3）只反馈不评价，不说"好"和"不好"，只说"对"和"不对"。反馈必须按标准，标准来自所学的材料。不可以以个人的偏好或主观意见为标准。

3. 理论基础

与其他经典的互助式学习策略一样，两人互查法背后也有着坚实的理论基础。主要讲三点：一是先考后教；二是暴露思维过程；三是当堂检测。

（1）先考后教。

学习心理学家做过实验，发现在正式学习某个内容之前，先考考学生，那么他们会学得更好。比如说，学习"光合作用"这一概念，在没有教授之前，教师先发问："大家猜一猜，什么是光合作用呀？"学生回答之后，教师再追问："你是怎么想的呢？"在一番询问之后，教师再揭开谜底，正式讲解相关内容。研究者发现，采用先问后教的方法学习新知识要比直接教授在之后的测试中获得的成绩更高。根据这一原理，有人甚至还搞出一套"先考试后学习"法。比如说，在阅读一本自己读不进去的书的时候，怎样克服"走神"的毛病呢？

那就是先给自己做一套测试题，当然了，你根本不必在意测试的成绩，测试的目的是让你带着问题去阅读。你这么做，大脑就会主动捕捉那些重要的信息，并建立更强的储存和提取回路，让你觉得知识像是被主动"赶进"你的脑海的。

两人互查法这一策略的设计，很好地运用了"先问后教""先考后教"的教学原理，避免直接教授知识与答案而使学习者陷入被动学习的消极境地。

（2）暴露思维过程。

在第5讲中，我们了解到为了激发学生思维，提高他们的思维水平，就要将他们的思考外部化、客观化，于是课堂上要让学生们使用写一写、说一说、画一画等方法。在两人互查法中，同伴之间相互追问是一个十分重要的环节，通过学生之间的追问与回答，使思维结论背后的思维过程得以充分展现。这也避免了学生只追求正确答案而不愿意自己动脑筋的情况。

（3）当堂检测。

两人互查法的最后一步是相互检测，检查输入的信息是否正确无误，这能有力地促进学习。检测为什么能促进学习？这方面的实验研究特别多，这里我举出两个例子。

先来看一个古老的实验。100多年前，伦敦有个叫巴拉德（Ballard）的科研人员，他让一个班的小学生阅读一首诗，要求学生尽量把诗句背下来。学完休息五分钟后马上进行默写测试，结果成绩都很一般。两天后，巴拉德突然要求学生再次默写那首诗，所有人都没想到考过之后还要再考，所以都毫无准备，考试成绩按说会很差。结果却恰恰相反，班上的平均成绩反而提高了10%，这个实验被称为巴拉德效应。

再来看罗伊迪杰（Roediger）和巴特勒（Butler）在2007年进行的一项实验。在这项实验中，研究者安排学生在三天时间里分别观看三场持续30分钟的用幻灯片播放的艺术史课程。每场课程结束后，学生分别进行以下四种活动之一：①完成一份关于课程内容的简答题测试；②完成一份关于课程内容的单选题测试；③重新学习一遍课程中涉及的重要内容；④直接走出教室。

学习结束的30天后，这些学生全部回来完成一份关于课程内容的终极简答题测试。结果，①组成绩最好，分数达到了47/100分；②组和③组成绩基本一样，分数为 36/100 分左右；而没有进行任何练习的学生（即④组）分数约为 20/100 分。

这一研究得出的结论是：第一，表现最好的是做简答题测试的学生，那是因为简答题需要学生用自己的语言来组织答案。第二，被测试过的学习者，即使只是做选择题，也比什么都没做的表现更好。第三，将时间花费在课后测验上，尤其是简答题测验，效果是值得期许的。

因为课后测验被大量证据证明有利于日后对知识的有效提取，心理学家把"测验"称作是"记忆提取练习"，它会让你将知识和技能掌握得更加牢固。按照这个原理，像背诵、做测试题、写作、演讲等具有提取功能的"提取式练习方法"，都能起到与测验类似的作用。

互助式学习 2：MURDER

1. 实施步骤

这是一种互助阅读的方法，一般由两人组队完成。MURDER 是六个英语单词的首字母，构成互助式学习策略的六个操作步骤：Mood（情绪）、Understand（理解）、Recall（回忆）、Detect（检查）、Elaborate（详述）、Review（复习）。

（1）情绪。组成两人小组，编号分别为 A 和 B。两人相互问候，努力创造一种放松而愉悦的学习氛围。而后简短地聊一会儿，确定学习的目标、内容，相互约定后续的学习步骤。

（2）理解。两人一起默读理解同一段学习内容。教师可以事先把学习内容分成几部分，也可由学生来分。这个环节要求不能给学生记忆和理解细节的压力。

（3）回忆。两人都读完一个部分后，一名学生做回忆者，另一名则做检查者。回忆者不看材料，概述所学内容的重点。注意，在概述中只包含重点，而回忆也不必拘泥于细节内容。

（4）检查。当回忆者进行概述时，另一名同学做检查者，按照材料内容，指出回忆者概述中的错误和遗漏。

（5）详述。两名同学就刚才所学内容，通过举例说明、联系现实生活、提出不同意见、寻找应用场景、提出问题等方法，对知识进行思考和加工。

以上理解、回忆、检查和详述四个步骤在学习内容的每个部分中不断重复，两名同伴轮换做回忆者和检查者，如果 A 在第一部分中是回忆者，B 是检查者，那在第二部分中 B 就是回忆者，A 是检查者。两个人在每一部分中都要进行详述。

（6）复习。两人轮流总结概括学习材料上的全部内容。

2. 理论基础

MURDER 是合作学习研究专家唐纳德·丹瑟洛（D·F·Dansereau）和他的同事们以认知心理学理论为基础"推演"出来的一种策略。认知心理学重点研究人是怎样获取、储存和吸收所学知识的，认知心理学家试图探索人脑是怎样思维和学习的。在第 5 讲中我们介绍了教学的结构和流程，大家还记得"预备—输入—加工—输出—反思"这五个阶段吧？请你对照一下 MURDER 的步骤，看看它与认知理论下的教学流程是不是很吻合？

预备阶段，对应 MURDER 的第一步"情绪"。组成两人小组，两人相互问候，努力创造一种放松的学习氛围，这与预备阶段的教学要求是一致的。而后简短地聊一会儿，确定一下学习的目标、内容，相互约定后续的学习步骤，这是给接下来的认知活动定向。

输入阶段，对应 MURDER 中的第二步"理解"、第三步"回忆"和第四步"检查"。两人一起默读理解同一个学习内容，这就是在完成新信息的"输入"，通过阅读学习材料，学习者获取了知识；而通过两人之间的"回忆"和"检查"，提高了输入的准确性。

加工阶段，对应 MURDER 中的第五步"详述"。同伴之间就刚才所输入的内容，进行举例说明、联系现实生活说说感想、提出不同意见、寻找应用场景、提出问题等，这就是在对知识进行思考和加工。

输出阶段，对应第六步"复习"。两人轮流总结概括全部内容，这就是输出活动中的提取类活动。

合作学习专家对 MURDER 的有效性进行了研究，认为 MURDER 取得了良好的学习效果，在有些内容的学习方面，效果甚至超过其他相似的合作学习策略，尤其在促进理解和回忆方面，成效显著。研究认为，MURDER 之所以取得良好效果的原因在于：

（1）两人共同面对同一个学习内容，轮换回忆者和检查者的角色，提高了学习者的注意力水平。

（2）阅读学习内容后，通过回忆和检查这样的提取类活动，促进了记忆，提高了记忆的准确性。

（3）要求学习者不仅说出所学内容，而且还要"详述"，这个环节是让学习者将所学内容与旧知进行融合，有利于加深对知识的理解。

（4）这种方法着重于专注学习内容中最重要的内容，而不是鼓励学生记住每一个细节，这样可以更有效地加工信息。

（5）最后的复习环节，有助于从更全面的角度来理解学习材料的每一部分。

（6）与同伴共同使用同样的材料，可以让学生在独立阅读和与同伴互动中熟练应用概括、详述等学习策略。

3. 应用场景

与其他互助式学习类似，MURDER 经常用于略高于学习者最近发展区的学习目标和内容。教师在学生使用这种策略进行互助活动的过程中，要进行全程管理和指导，学生完成 MURDER 之后，教师要进行检测，并帮助学生做好学习反思。

不少教师将 MURDER 运用在语文阅读课的初授课中，比如教授王维的诗歌《使至塞上》，一共八句："单车欲问边，属国过居延。征蓬出汉塞，归雁入胡天。大漠孤烟直，长河落日圆。萧关逢候骑，都护在燕然。"

教学目标是：通过 MURDER 这种合作学习策略，学生初读本诗，能读准字音和节奏，并感知诗的内容。

按照 MURDER 的六个步骤，可以这么做：

第一步：情绪。组成两人小组，分别是 A 和 B。两人先创造一种放松的学习氛围，而后明确学习目标和任务，约定两人分别负责哪些诗句的回忆和检查，给学习定向。

第二步：理解。两人一起默读理解"首联"，了解两句诗的大意。

第三步：回忆。两人都读完首联两句诗，A 做回忆者，B 做检查者。A 在不看课本的情况下，概述两句诗的大意。

第四步：检查。当 A 在概述首联大意时，B 做检查者，指出回忆者概述中的错误和遗漏。

第五步：详述。两名同学就首联内容，说说诗人王维是如何以简练的笔墨叙写此次出使的经历的。

接下来，重复第二到第五步，分别学习"颔联""颈联""尾联"。详述时，颔联写景又写事，反映了诗人怎样的内心情感；颈联讨论"大漠孤烟直，长河落日圆"这一千古名句描绘了怎样的景象；尾联讨论为什么要借用"燕然勒石"的典故，表达了诗人怎样的感情。

第六步：复习。两人轮流总结概括全部内容，并讨论诗人的情感发生了怎样的变化。

语文教学倡导整本书阅读，想象一下，如果使用 MURDER 这种互助策略完成整本书阅读，学习的效果是不是会更好呢？那一定要比一个人埋头阅读记得更好、理解得更透。

不仅语文阅读中可以使用 MURDER，需要通过阅读进行信息输入的学习，都可以使用这种策略。

MURDER 有非常广泛的用途，甚至还能拓展到亲子阅读活动中。亲子阅读，又称"亲子共读"。"亲子"是家长和孩子，"读"当然就是阅读，但是"共"里头有名堂，如果亲子之间没有互动，只是一起阅读，就达不到"亲子共读"的目的。

亲子共读的目的不在于阅读本身，而是以书为媒，以阅读为纽带，让父母与孩子一同成长，并且通过共读，为父母创造与孩子沟通的机会，分享读书活动中的情感流动。

将 MURDER 的互助学习策略运用在亲子共读《小王子》中，会是这样的：

第一步：情绪。父子两人先创造一种放松的学习氛围，逗对方玩一玩；而后是定向，明确学习内容，两人约定分别负责某一章节的回忆和检查。

第二步：理解。两人一起默读理解第一节，了解第一节的大意。

第三步：回忆。爸爸做回忆者，向孩子回忆第一节的内容。

第四步：检查。爸爸在概述第一节内容的时候，孩子做检查者，指出回忆者概述中的错误和遗漏。

第五步：详述。父子就第一节的内容，结合自己的家庭和社会生活中的实际，谈谈感受。

接下来，重复第二步到第五步，分别学习本书的其他部分。

第六步：复习。读完整本书，爸爸和孩子轮流总结概括全部内容，并讨论这本书对家庭生活的意义。

互助式学习 3：小先生

以上介绍的两人互查法和 MURDER 都是两人之间的互助式学习策略。两人之间的合作学习，对课堂干扰最小，而参与率最高，因此应用广泛。不过，还有一些如小先生、切块拼接法等经典策略，则是在小组内甚至是跨组进行的。接下来我们要讲讲在本土很有影响力的互助式学习策略——小先生。

"小先生"说起来很简单，就是让学生做小老师来教别的学生。我们都很熟悉教学中的"双师模式"吧，一般的双师模式，是指有两位教师合作共同承担教学任务，最典型的就是互联网条件下，真实教室里的老师是"一师"，网络教学资源也是"一师"，合起来就是"双师"。

"小先生"其实也是一种双师模式，只是由优秀学生来担当课堂里的另一位老师。因此，小先生又有一个更学术化的称谓——"导生制"。

那小先生这种策略是从哪里来的呢？

我国著名教育家陶行知先生在 1932 年提出并实施了"小先生制"，认为儿童可以一边当"学生"，一边当"先生"。陶行知先生当年倡导的小先生制，其主要形式就是由受过教育的、年长的学生来教授年幼儿童或者民众，以此来传播知识，开展人民大众的教育。采取小先生制是那个年代的无奈选择，目的是有效利用人力资源，扩大受教育者的范围，普及最基本的"识字"教育。

不过，陶行知先生还是非常看重小先生制的"教学相长"效应的，他在

《怎样做小先生》一书中这样写道："一个负责任的小先生是以'教人者教己'。"他要求小先生们必须先用功求学，将各类知识的脉络梳理清楚，深入了解其肌理构成，用教大家的材料先教会自己，而后才可以去教别人。同时强调小先生们切忌在学习知识时"囫囵吞枣"，教授他人时"模棱两可"。他认为，小先生们第一次学习的过程实际上是为了让自己理解。当小先生们能够运用自身所学去教别人的时候，他们就进入了二次学习的过程。在这个过程中，他们不仅能够深入探寻问题的本质，更能够从其他同学身上汲取经验，从而更加全面、客观地完善自己的认知。

在特殊历史背景下诞生的小先生制，在实施过程中存在着不少问题，比如小先生自身知识水平和精力的不足；教学内容也有限，大多是识字教学；在具体的实施策略方面也没有进行深入的研究，教学的有效性其实是不高的。因此，学界对小先生制褒贬不一。不过，小先生制的影响很大，在解放战争时期，小先生成为动员民众抗日的有效工具，那已经不是陶行知先生的初衷了。

以上介绍了我国的小先生制，下面给大家介绍国外的"导生制"。导生制与小先生制相似，并且早于中国的小先生制。

导生制（Monitorial system）又叫贝尔—兰卡斯特制，是由英国国教会的贝尔（Andrew Bell）和公益会的教师兰卡斯特（Joseph Lancaster）所开创的一种教学组织形式，曾在英国和美国流行过数十年，为英、美两国普及初等教育作出过重大贡献。

导生制实际上就是英美的小先生制，其目的也是为了解决教育资源匮乏的问题。导生制的基本方法是，教师先在学生中选择一些年龄较大、学习成绩好的学生充任导生，教师先对导生进行教学，然后由他们去教其他学生。采用这种教学方式，学生人数可大大增加，在一定程度上缓解了教师资源奇缺的压力。

我来描绘一下在实施导生制的学校里有着怎样的教育盛况。所谓教室，有时就是礼堂或大厅，"教室"里摆放着一排排的长课桌，每排大约有 10 名学生，教师指定其中一名学生为导生。教师在上课时先教导生，然后由导生把自己所在排的学生组织围坐在一起，再由他们把刚才所学的内容教给自己所在排的学生。这些导生不仅要负责教学，还要负责对所教学生进行检查和考试。在学习过程中，他们完全充当了教师助手的角色。

不过，实践证明，采用这种方法不可避免地造成教育质量的下降，因此，在英美，导生制最终被人们放弃、遗忘。

我国的小先生制和外国的导生制都一度很红火，却为什么都没有逃过逐渐式微的命运？我想这和陶行知先生、兰卡斯特那个年代的教育缺乏科学理论指导有关。

比如说，小先生制和导生制都让"知者为师"，让先掌握知识的学生教其他学生，甚至在小先生制中，先学会的小孩可以教没有学会的大人。而具备基本的认知心理学知识的人都知道，将知识"告知"他人，这不叫教学，真正的教学，不仅要让学习者知道，还要帮助他们理解，促进他们进行知识迁移。所以，小先生和导生的教学能力是远远达不到要求的。

小先生制和导生制已经式微，可是这并不等于以学生为小老师的"双师模式"就毫无价值。我想，应该对小先生制进行"合作学习化"，也就是要改进小先生制，使之符合合作学习的专业要求，主要注意以下几点：

（1）小先生的选拔。小先生制的成败关键在于"导生"的选拔，并非先掌握知识的学生就天然获得教别人的资格，教师应该选出表达能力较强、为人热情，又特别愿意为其他同学服务的学生担任小先生。

（2）分组的方法。你让小先生教哪些学生呢？最好是学习水平略低于小先生的学生，这一方面使小先生能切中被教学生的最近发展区，另一方面也降低了小先生的教学难度。另外，建议将全班学习基础最弱的学生组成小组，由教师亲自教。而且，要让组和组进行学习竞赛，看哪个小先生教得更好。

（3）小先生的培训。在小先生制正式实施前，要对小先生进行培训，这就和教师一样，上岗前要接受培训拿到资格证。培训内容包括，要让小先生们都明确自己的职责和责任，教给他们基本的讲解和指导的技能，甚至要教他们组织他人展开学习活动和评价他人学习活动的技能。

（4）小先生制的实施。小先生制不能替代教师的亲授，在小先生正式教学前，教师要向全班学生展示学习目标，让每个学生都知道小先生的工作与目标之间的关系。小先生教完后，教师要提示难点和重点内容，给出时间为学生答疑，并进行当堂检测，检查小组学习情况，及时查漏补缺。

互助式学习 4：Jigsaw

1. 由来

Jigsaw 也被称为"切块拼接法"和"拼图"。Jigsaw 是互助式学习中最经典的一种策略，这种策略不仅体现了互助性，同时还带有很强的协作性。毫不夸张地说，如果不知道 Jigsaw 就不能号称自己懂合作学习。

Jigsaw 为什么被翻译成"切块拼接法"和"拼图"呢？这是因为这种策略就如同完成拼图游戏，将一个完整的图案分成许多小块，由游戏者按照一定的思路将图案再拼合起来。用简单的话来概括，Jigsaw 就是在分组阅读中，让每一名组员都掌握着一部分信息，而在小组中获得其他相关信息的唯一途径就是询问同组成员，向其他组员学习。小组学习要想获得成功，就要依赖小组成员相互帮助，通过信息互补，来确保每名小组成员都掌握了全部的信息。

Jigsaw 起源于上个世纪 70 年代，开发者是心理学家艾略特·阿伦森（Elliot Aronson）。有一次，阿伦森应邀去美国一所城市学校帮助改进那里不同种族学生间的关系。去了之后他惊讶地发现，教师总站在教室前面讲课或者管课堂纪律，他认为这只会刺激学生之间的竞争，这种竞争环境只能导致学生相互讨厌或者误解，使种族紧张状态更为严重。对那些少数种族的学生来说，竞争永远只是一种赢不了的游戏。

在《再无人可恨》一书中，阿伦森描述了 1971 年他和他的研究生是如何开发出 Jigsaw，并以此来消除奥斯汀市种族之间的紧张关系的。阿伦森团队首先将学生安排在由六人构成的小组中，学习事先就已经分割成片段的学习材料。然后，各个小组中学习同一内容的学生组成"专家组"在一起共同讨论所学的那部分内容，直至掌握。接着，"专家们"返回各自的小组，轮流教他们的组员。因为除了自己掌握的那部分内容外，学生们要想掌握其他内容，唯一的途径就是认真倾听他们小组成员的讲解，因而他们具有彼此支持的动机，并表现出对彼此学习内容的兴趣。

Jigsaw 的成功在于，将任务细化并分配到个人身上，让学生最大限度地发挥个人职责，给每个学生提供了深入学习、表达、讲授以及聆听的机会，使得传统教学的不良竞争局面得到改善。

通过以上介绍，我们了解了当时阿伦森开发 Jigsaw 的主要目的是解决种族歧视问题。后来，斯莱文出场了，他在阿伦森的基础上，于 1986 年提出了 Jigsaw 的修正型，即 Jigsaw Ⅱ。斯莱文的 Jigsaw Ⅱ 主要添加了两个方面的内容：

其一，要求在学习刚开始时，全体学生都必须先了解学习的总任务，然后再进入"专家组"学习，以完成自己负责的那部分子任务。之所以这样做，是因为即使小组成员因故缺席或不能很好地完成任务，小组活动和学业质量也不会受到过大的影响。

其二，引进了学生小组成绩分工法（STAD）的进步制计分方法，这一方法关注每个成员的提高分，并将提高的分数归在自己的组内，这就鼓励了小组内部的合作和小组之间的竞争，更好地调动了全体学生的学习积极性。

后来，Jigsaw 又发展到 Jigsaw Ⅲ 和 Jigsaw Ⅳ。改进版 Jigsaw Ⅳ 使得学生的合作技能和学业成绩这两个方面都获得了更好的发展。下面是 Jigsaw Ⅳ 的九个实施步骤：

（1）学习内容介绍；

（2）建立专家问题；

（3）在各自的专家小组，学生们掌握各自的专家知识；

（4）专家小组测试；

（5）专家小组返回原小组传授知识；

（6）小组测试；

（7）以竞赛方式进行复习（积分游戏制）；

（8）评价；

（9）教师对学生忽视和不太掌握的知识进行重新讲授。

改进后的 Jigsaw Ⅳ 主要解决了两个问题：学生如何知道他们的回答是正确的；小组如何知道他们的答案是正确的。

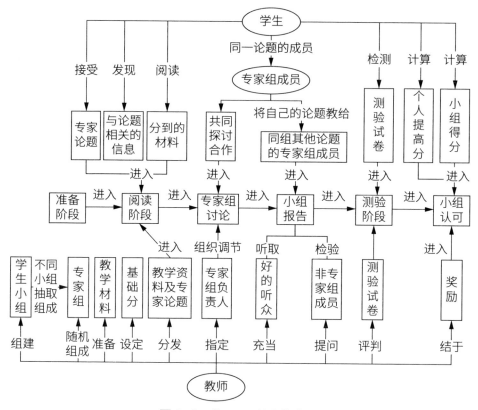

图6-1 Jigsaw 的实施步骤

2. 理论基础

与其他合作学习策略一样，切块拼接法也有扎实的理论基础，主要是社会心理学、认知学徒理论和脑科学的支持。

（1）社会心理学中的互赖理论。

"互相依赖"这个概念是由约翰逊兄弟的导师多伊奇（Deutsch，1949）提出的。多伊奇发现正相互依赖关系可促使学生在主观和客观的测试中成绩优异。

另一位社会心理学家奥尔波特（Allport，1954）在他的经典著作《偏见的本质》中认为，为了在不同群体之间进行交流以减少偏见，成员一定要身份地位相同并寻求同一目标，以"达到对共同兴趣和共同人性的感知"。奥尔波特认为，交流本身并不会促进友好关系，除非交流有共同目标。

根据社会心理学的理论，Jigsaw强化了学生之间的正相互依赖关系，并且他们为着共同的学习目标展开合作学习。

斯莱文进一步认为，Jigsaw在以下两种条件下才能够使得学习成绩持续提高：一是具有必须通过小组的合作才能完成的小组目标；二是需要全体成员有为小组共同目标作出个人贡献的责任感。

（2）认知学徒理论。

学徒要拜师，师父与教师的不同之处在于，师父不会对着徒弟说一大通道理，师父主要就是向学徒展示如何完成任务，展示动作要领，然后让学徒做实践练习，并交给他越来越多的任务，直到他能熟练地独立完成任务。

仔细考察学徒制这种传统方式，主要有四个要素：建模、搭脚手架、退出和指导。在建模过程中，学徒观察师父演示不同任务，过程清晰可见；搭脚手架是师父在学徒执行任务时给予的支持；退出即师父逐渐不再提供支持，转而让学徒承担更多责任；指导会贯穿整个过程，师父通过选择任务、提示、支持、鼓励、反馈等方式，指导和监督学徒的学习过程。

Jigsaw有没有师父带徒弟的意思？学生在"专家组"演练自己得到的知识，再回本组去讲授，这个过程非常关键，那是因为它为表达方面有所欠缺和能力不足的学生提供了时间、空间去演习。同时还给他们提供了机会，把较优秀、熟练的学生作为示范，帮助他们学习如何组织和展示报告。

在Jigsaw这种动态的学习过程中，学生经历了从"新手"到"专家"的体验，经历了在某些问题上是"专家"，而在有些问题是"新手"的体验，经历了角色的转变，经历了学习知识的多种体验，因此更容易获取对问题多方面的理解和感悟。

（3）神经科学。

20世纪80年代，帕尔玛大学的神经学家贾科莫·里佐拉蒂（Giacomo Rizzolatti）发现，猴子在捡坚果时，某些神经元会发出光亮，而当那只猴子看到研究人员捡拾坚果时，相同的神经元会再次发出光亮。研究人员把通过直接经验或观看他人的行为获得同样经验而被激活的神经元命名为"镜像神经元"。这意味着，猴子的大脑中似乎在进行着模仿他人行为以替换自身行为的活动。

那么镜像神经元与互助学习有什么关系吗？

最新研究表明，镜像行为根植于人们大脑的运作机制中，也是我们能够进行相互学习并从中受益的关键原因。从神经学角度讲，学习这一行为之所以发生，是因为连接大脑各部分的通道被建立起来。学习就是给学习者提供一条最初的行走路径，只要反复演练，这条路径就越加通畅，进而学习行为就会变得更加自发、更加顺畅。比如在小组活动中，我们就应该创造机会让学生通过模仿和观察其他同学的表现，来获得进步。尤其应该帮助那些认知能力弱以及不擅长和他人沟通的学生，他们每一次对优秀学生的模仿和观察，都是非常好的学习机会。

Jigsaw 与其他所有互助式学习策略的不同之处在于，在整个学习过程中，学生先从原小组到专家小组，再回归原小组，学生和学生之间进行了多次交互，经历了两个小组的活动，其交互程度之高是显而易见的。Jigsaw 提供了更多也更有质量的面对面相互观察、模仿和学习的机会，这使得学习进行得更加顺利、有效。

3. 实施步骤

在课堂中使用 Jigsaw，一般采用如下步骤：

第一步：异质分组，并选择和确定每个人的任务。将不同学习能力的学生进行混合编组，根据每个人的兴趣或小组分配选择个人任务，以此作为某个学习任务的"专家"。教师分发相关资料给各位学习任务的"专家"。

第二步：专家组集中学习。相关学习任务的"专家"集中在一起，组成"专家组"，学习其选择的任务。"专家"先自主学习，然后进行二人互助学习，再进行专家集体讨论、总结，最后形成共同的专家组意见，完成"专家任务单"，并在专家组进行讲授的演练。

第三步：专家讲授。专家组学习完毕之后，"专家"回到本组，依次向组员进行讲授。"专家"讲授的过程中，其他小组成员应认真倾听，并提出疑问，小组一起讨论，达成共识。

第四步：全班检测。本组互教完成后，教师组织面向全班的当堂检测，将每个学生的得分计入小组分。

第五步：评价和反思。根据测试成绩，教师对学习优胜小组进行适当奖励。根据检测结果，进行适当的补充讲授。最后是小组对学习结果和学习过程进行自评和互评，并开展自我反思。

4. 操作要领

从理论上讲，Jigsaw 比传统教学更省时间。Jigsaw 将学习内容分割成小部分，让学生分别进行研究和学习，然后在组内进行汇报讲解，这样的进程能加快问题解决，也能使学生更加容易地完成复杂任务。同时，学生的参与程度高，学习主动性强，学习效率也会比较高。但是，是否能取得以上成效，要取决于教师是否能在课前作好充分的准备，否则 Jigsaw 可能比教师直接讲授更费时间。

教师具体要作哪些准备呢？

（1）学习材料的准备。

教师要寻找合适的学习材料，并进行合理"切块"。整体的学习材料怎么切才合理？

首先，每一块都能被切开，切开后又有一定的独立性，而拼起来却是完整的。比如，历史老师在教授"郑和下西洋"这一主题时，可以将学习任务分为四个部分：郑和是谁；下西洋的原因；郑和下西洋的行程；郑和下西洋的历史意义。在每个任务下面都有指定的学习方法和完成学习后要回答的问题。严格按照切块拼接法的流程和要求进行合作学习，可以取得很不错的教学效果。

其次，对切块后的每个部分做分化处理，也就是根据难易程度，将内容分发给不同水平的学生。这就要求教师在合作学习之前了解不同水平的学生情况，使所分发的学习资料贴近学生的最近发展区，以确保专家组都能掌握相关内容，回本组讲解时不至于出现知识方面的错误。

在专家组讨论时，教师应格外关注由学困生组成的小组的学习进展情况，甚至亲自参与小组讨论，做好充分的指导，保证每个专家组在相同的时间内高质量地完成小组任务。另外，有的学生虽然加入专家组，却可能缺席，教师要有临时性的补救措施，防止在本组互助学习时漏教部分内容。

（2）课堂管理的准备。

教师事先要将"切块学习"和"拼接学习"的全过程都考虑周全，计算好每个环节可能用到的时间；另外，在课堂组织方面，Jigsaw 涉及走组，学生从本组走到专家组，再从专家组走回本组，特别容易发生肢体上碰触，导致时间拖延，因此课前要对具体的行走路线作出规定，并进行演练。

在大规模教学班使用 Jigsaw，容易发生意外，导致时间不够用。教师要预估可能出现状况的时间节点，预估可能出现问题的学生和小组，随时"扫描"学习动态，及时帮助和支持学生，对出现的问题要妥善处理，保证主要活动的顺利开展和任务完成。

（3）学习评价的准备。

Jigsaw 要求在互教完成后进行当堂检测，这主要为了加强"专家"的责任感，并通过小组竞争激发每个成员的学习积极性。因此，教师要作好提供检测题的准备。

在实施 Jigsaw 的过程中，不仅要在本组互教完毕后进行全班测试，还要提前对专家组的学习进行测试。因此，作为测试工具的"专家任务单"的设计尤为重要。只有确保专家组的学习质量，才能保证本组的学习效果。

在专家小组学习完毕之后，教师也可以让"专家"们根据自己所学，出一份针对所学内容的试题，并经过专家组讨论修改完善后，由教师汇总作为本组学习完毕之后的全班测试题。

（4）专家的胜任力。

Jigsaw 采用"专家组"集中学习和"专家"对"新手"讲授的模式，每个学生既是"专家"，同时也是"新手"。如果专家不能胜任师父的工作，那么 Jigsaw 的效益一定会打折扣。根据认知学徒制的要求，专家应掌握六种教徒弟的方法：

示范。师父要演示学习和研究的过程，以便徒弟能进行观察。

辅导。观察徒弟的学习情况，并为其提供建议、挑战、反馈、再示范、提醒，目的是使他们的行为水平更接近师父。

脚手架。师父为帮助徒弟们学会相关知识而提供的支持，包括提供工具，还包括情感方面的支持和鼓励。

表达。师父能明确陈述某个领域中的知识、推理或问题解决的过程。

反思。师父要引导徒弟将自己的学习过程与师父本人的、其他徒弟的进行对比评价，并作出自我反思。

探索。师父要引导徒弟自主寻找解决问题的方法。

Jigsaw 在诗歌教学中的应用

"送别诗"的教学设计

武汉鄱阳街小学　詹晓妮

一、学习目标

（1）语文学习目标：聚焦"送别"主题，进一步积累送别主题的古诗；通过比较研读、合作探究，结合时代背景、抓特殊场景，感悟"送别"中的别样情；引导学生尝试在生活场景中恰当运用送别的相关诗句。

（2）合作学习目标：在使用 Jigsaw 的过程中，能听清别人的观点，抓关键词记录，并能表达出来。

二、教学过程

1. 预备阶段：呈现目标

（1）出示四首诗歌《芙蓉楼送辛渐》《赠汪伦》《送元二使安西》《别董大》，引出送别主题，激发学习兴趣。

（2）呈现学习目标，包括语文学习和合作学习的目标，为合作学习活动定向。

【设计意图】首先出示本节课的学习目标和合作目标，这是合作学习课堂的开始。目的是创设在教学目标导引下的学生主动学习，以此来提高课堂教学的针对性、有效性，提高学生的参与度，培养学生的自主学习能力。

2. 输入阶段

专家组成员自学。各专家们的研究范围：A.《赠汪伦》；B.《芙蓉楼送辛渐》；C.《送元二使安西》；D.《别董大》。

专家任务：

（1）借助资料，在诗中词句、时代背景和特殊场景中，你感受到了怎样的离别情？

（2）概括诗情，并填写专家任务单。

3. 加工阶段

（1）根据学习任务单，进行专家组研讨（5分钟）。

要求使用如下句式进行讨论：我认为这首诗的离别情是（关键词），我的理由是……。

要求听清别人发言的关键词，如有不同意见，要进行专家组讨论，形成共同意见。

（2）专家返回原小组，进行组内互学（6分钟）。

专家依次教本组的其他学生，专家应能清晰表达自己的观点，并说明理由。

要求所有学生听清别人的观点，用关键词进行记录。

（3）互学后的小组讨论（5分钟）。

讨论题：为什么都是送别诗，情感会有不同？

讨论完毕后完成小组互学学习单。

【设计意图】Jigsaw 属于"互助式"的合作学习策略。本节课，围绕学生高段学习的四首送别诗展开自主探究学习，探讨送别诗丰富的情感内涵。从课前自学到专家组争鸣，再到组内自学、组内测试，十几分钟的合作学习过程呈现出的是孩子们的思考由单一走向丰富，由关注自我到接纳他人的最真实的样态。

在合作学习的过程中，教师是合作学习的组织者与个别小组学习交流的伙伴，学生成为了课堂上的专家——真正的主角。

此外，在整节课上，我还十分注重合作学习技能的培养——抓关键词记录，并能表达。合作技能的培养保证了课堂交往活动的有序性，并形成了师生之间、生生之间关系的良性互动。

4. 输出阶段

（1）当堂检测（5分钟）。

①看图猜诗。

②赠送诗句。

（2）统计小组得分，进行奖励。

（3）师生互赠诗句（可以使用学过的诗句，也可以自创）。

【设计意图】如何让送别诗与学生生活产生联结，课堂上的师生互赠诗句的环节是运用诗句的高潮。孩子们通过自主的合作学习理解了丰富的、多元的内涵，再将诗句运用到现实的生活场景中，从而进一步感悟到了诗中的真情。

5. 反思阶段

要求对照学习目标进行总结和反思，以小组方式进行。

【设计意图】为提高合作学习的质量和效益，有必要回扣目标，对照事先设定的学习目标进行总结反思，这也是合作学习要素"小组自评"的要求。Jigsaw是一种相对复杂的合作学习策略，作总结反思有利于下一次改进和提高。

附件："送别诗"的 Jigsaw 专家任务单和互学学习单

专家任务单 A

专家姓名＿＿＿＿＿＿＿＿＿

赠汪伦

【唐】李白

李白乘舟将欲行，忽闻岸上踏歌声。

桃花潭水深千尺，不及汪伦送我情。

【赏析】

本诗描写送别场景的前两句，自然洒脱。第一，首句直呼自己的姓名——李白，直率、洒脱。第二，"忽闻"二字与"将欲"照应，人未到声先闻的妙境自成。两位友人，一个不辞而别，一个不期而至。这样的送别，不拘俗礼，别具一格。第三，"踏歌"二字与"忽闻"照应，此时，李白回首忽见汪伦边走边唱，手舞足蹈，心中惊喜不言而喻。

"桃花潭水深千尺，不及汪伦送我情"，这是李白为了感谢汪伦多日热情款待，离别之时所作的。李白与汪伦两人原本并不认识，可是汪伦却非常仰慕李白的才华，所以盛情邀约，等李白到了之后又非常热情地款待了他。因此，临别之时，李白内心充满感激之情。诗人李白非常自然地作诗一首，表达了内心的感谢之情。

读了李白和汪伦的故事，我对这份送别情有了新的感悟。

1. 借助资料，研究古诗。

借助资料，从诗中词句、时代背景和特殊场景中，你感受到了怎样的离别情？（请在资料中圈点勾画。）

2. 概括诗情。

诗　题	送别诗中的别样情 （用一个关键词概括）
《赠汪伦》	

专家任务单 B

专家姓名 ＿＿＿＿＿＿＿

芙蓉楼送辛渐

【唐】王昌龄

寒雨连江夜入吴，平明送客楚山孤。

洛阳亲友如相问，一片冰心在玉壶。

【赏析】

此诗当作于天宝元年（742 年），王昌龄当时为江宁丞。辛渐是王昌龄的朋友，这次由润州渡江，取道扬州，北上洛阳。王昌龄可能陪他从江宁到润州，然后在此分手，所以在芙蓉楼留下了这首送别诗。

早在六朝刘宋时期，诗人鲍照就用"清如玉壶冰"来比喻高洁清白的品格。盛唐诗人如王维、崔颢、李白等都曾以冰壶自励，推崇光明磊落、表里澄澈的品格。王昌龄托辛渐给洛阳亲友带去的口信不是通常的平安竹报，而是传达自己依然冰清玉洁、坚持操守的信念，表达了对友人的告慰。

据《唐才子传》和《河岳英灵集》载，王昌龄曾因不拘小节，两次被贬，开元二十七年被贬岭南即是第一次，从岭南归来后，他被任为江宁丞，几年后再次被贬谪到龙标。诗人在这里以晶莹透明的冰心玉壶自喻，正是基于他与洛阳好友亲朋之间的真正了解和相互信任。因此这首送别诗，是诗人捧出一颗晶亮纯洁的冰心对友人的告慰。

结合王昌龄被贬谪的经历，再读这首诗我体会到……

1. 借助资料，研究古诗。

借助资料，从诗中词句、时代背景和特殊场景中，你感受到了怎样的离别情？（请在资料中圈点勾画。）

2. 概括诗情。

诗　题	送别诗中的别样情 （用一个关键词概括）
《芙蓉楼送辛渐》	

专家任务单 C

专家姓名＿＿＿＿＿＿＿＿

送元二使安西

【唐】王维

渭城朝雨浥轻尘，客舍青青柳色新。

劝君更尽一杯酒，西出阳关无故人。

【赏析】

　　王维的朋友元二奉朝廷之命出使安西都护府，他到渭城为之饯行，写下这首七绝。前两句写送别的时间、地点、环境气氛，为送别创造了一个愁郁的氛围。从清朗的天宇，到洁净的道路，从青青的客舍，到翠绿的杨柳（"柳"与"留"谐音，古人"折柳"是挽留之意），构成了一幅色调清新明朗的图景，为这场送别提供了典型的自然环境。这是一场深情的离别，但却不是黯然销魂的离别。

　　后两行王维将对朋友的一片深情全都寄托于杯酒之中，再多喝一杯吧，你远行以后，我们就很久不能一起喝酒啦。

　　当时处在河西走廊西头的阳关从汉代以来一直是去向西域的关口，阳关以西交通不便，条件恶劣。此时朋友出关不免要经历万里的长途跋涉，定会备尝独行的艰辛寂寞，诗人在送别时充满了对朋友安危的担忧之情。

　　折柳送别表挽留之意，古诗中的意象值得细细揣摩。

　　1. 借助资料，研究古诗。

　　借助资料，从诗中词句、时代背景和特殊场景中，你感受到了怎样的离别情？（请在资料中圈点勾画。）

　　2. 概括诗情。

诗　题	送别诗中的别样情 （用一个关键词概括）
《送元二使安西》	

专家任务单 D

专家姓名＿＿＿＿＿＿＿＿

别董大

【唐】高适

千里黄云白日曛，北风吹雁雪纷纷。

莫愁前路无知己，天下谁人不识君。

【赏析】

这是一首送别诗，送别的对象据考是著名的琴师董庭兰。当时，诗人和董大都处在困顿不达的境遇之中，贫贱相交自有深沉的感慨。但这首送别诗全然不写千丝万缕的离愁别绪，而是满怀激情地鼓励友人踏上征程，迎接未来。

前两句"千里黄云白日曛，北风吹雁雪纷纷"，用白描手法写眼前之景：北风呼啸，黄沙千里，遮天蔽日，到处都是灰蒙蒙的一片，以致云也似乎变成了黄色，本来璀璨耀眼的阳光现在也淡然失色，如同落日的余晖一般。大雪纷纷扬扬地飘落，群雁排着整齐的队形向南飞去。诗人在这荒寒壮阔的环境中，送别这位身怀绝技却又无人赏识的音乐家。

"莫愁前路无知己，天下谁人不识君"，这两句是对朋友的鼓励：此去你不要担心遇不到知己，天下哪个不知道你董庭兰啊！话说得多么响亮，多么有力，激励朋友抖擞精神去奋斗、去拼搏。

送别背后的故事帮我们理解不一样的送别情。

1. 借助资料，研究古诗。

借助资料，从诗中词句、时代背景和特殊场景中，你感受到了怎样的离别情？（请在资料中圈点勾画。）

2. 概括诗情。

诗　题	送别诗中的别样情 （用一个关键词概括）
《别董大》	

组内互学学习单

专家姓名 ＿＿＿＿＿＿＿

合作任务及要求：

1. 专家教学生。

专家：表述自己的观点，并说明理由。

学生：听清别人的观点，用关键词记录、表达。

诗　题	诗　情	
	相同	不同（用关键词概括）
《赠汪伦》	依依惜别之情	
《芙蓉楼送辛渐》		
《送元二使安西》		
《别董大》		

2. 1 号组长组织讨论并记录：为什么都是送别诗，情感会有不同？

（1）_____

（2）_____

思考与练习 ＞ 1. 说说为什么互助式学习很古老，却又经久不衰？

2. 四种堪称经典的互助式学习策略：两人互查法、MURDER、小先生、Jigsaw，结合你的教学实际谈谈其中最有可能被你经常使用的是哪一种，并说说为什么？

3. 以下是上海市浦东新区建平西校实施小先生制的案例，请你运用本讲所学知识，对这个案例进行分析。

　　建平西校实施小先生制，目的主要是注重"知识的输出"，要让学生们从"解得出"到"讲得出"。小先生在自己学好的基础上，还要讲给其他学生听，这个过程不是简单地把做题过程讲出来即可，它是把所学的知识"输出的过程"。建平西校认为，学生能够讲给他人听，并能在讲的过程中进行总结，对他人的讲解进行点评，那么学生的思维层次就上升到了应用、分析与评价的层面。如果学生能够创新地解题或讲题，就达到了"创造"这一最高思维层面。

建平西校的小先生制从哪里来的呢？显然不是直接学习了陶行知先生的做法。他们介绍说，西校的小先生制源于数学学科推出的微型课堂。为激发学生学习数学的兴趣，提升数学学习能力，学校推出每周两次、每次20分钟（中午12:40-13:00）的微型课堂。微型课的实施，切实做到了在教师的主导下，以学生为主体来开展。根据事先确定的分工，每周的微型课由班内的一个小组负责组织与实施。

　　在第一次的微型课上，教师依据适切性、趣味性和创新性三大原则选好若干题目，负责的小组从教师那里领取题目，并分发给其他小组学生。课堂上，前10分钟先由每个学生独立解题，并将解题过程写在答题纸上；后10分钟小组内交流探究，不懂之处由组内的小先生第一次讲解。负责实施与主讲的小组收齐并整理好每个学生的答题纸，利用课余时间开会讨论，分工合作，对每个学生的解题情况进行批改和汇总，总结不同的解决问题方法，给每个学生、每一小组作出评价，并做出PPT。在这个过程中，教师给予指导、帮助与支持。

　　在第二次的微型课上，主讲的小组成员（小先生）对大家错误较多的题目进行讲解，并报告共性的解题思路与方法，点评分析它们的差异与特点。在这一过程中，教师负责倾听、点评与补充。

　　在微型课的讲解过程中，在教师的支持下，小先生可以将讲解习题的过程录制成视频，放在自己的班级内播放，或者放在班级微信中播放，供其他学生学习。学校还定期组织小先生的视频大赛，以激励师生将视频做得更好，不断促进自己和他人学习。

　　教师鼓励小先生讲解时要"问一问，变一变，评一评"；不仅仅要讲解知识，还要"讲思路，讲规范，讲联系"；讲解之后，其他学生还可进一步总结和提炼。这些要求对不少学生而言的确不简单，但是在教师的帮助、指导和支持下，的确有不少学生能够做到。

　　在建平西校，源于数学微型课程的小先生制取得了不错的成效，随后其他学科的教师开始借鉴采用，逐渐成为学校的一大特色。

第7讲 | 对话式学习

学 习 目 标 > 1. 了解对话式学习的定义；了解对话式学习的良好效果；掌握实施对话式教学的策略和方法。

2. 掌握三类对话式学习策略：争辩性对话、累积性对话、探究性对话；能用对话式学习策略设计一堂课。

3. 了解学习共同体的由来，了解佐藤学教授的学习共同体的基本观点，了解学习共同体与对话式学习的关系。

一、什么是对话式学习？

这一讲我们来学习对话式学习，这是四类合作学习策略中的一种。

对话很重要。联合国教科文组织在《教育——财富蕴藏其中》一书中指出："通过对话和各自阐述自己的理由进行争论，这是21世纪教育需要的一种手段。"

不仅对话很重要，通过对话进行学习也很重要。保罗·弗莱雷（Paulo Freire）说："没有了对话，就没有了交流；没有了交流，也就没有真正的教育。"

建构主义认为，所有的知识都是在个体与外部世界的相互作用中，通过个体与经验世界的对话建构起来的。建构主义所说的"经验世界"既包括了书本知识，也包括了他人的个体体验与经验。根据建构主义的观点，我们可以将学习中的对话分为三类：

一是"人与文本的对话"，包括教师与文本的对话，学生与文本的对话。这是一种意义阐释性对话，是对文本的理解与阐释，它是教学中师生对话的前提之一。

二是"师生对话"，包括学生与教师的对话，学生与学生的对话。这是一种实践性对话，是在人与文本对话和个体经验基础上进行的合作性、建设性的意义生成过程。

三是"自我对话"。这是一种反思性对话，是个体对自身内在经验和外在世界的反思。通过自我反思，个体更好地认识世界、认识自我。

对对话的分类研究，有利于我们加深对对话的理解，而对对话的多层次、多角度理解，是理解学生的学习和教师的教学的关键所在。对于合作学习设计，在所有对话类型中，我们主要是研究学习者与他人的对话；在与他人的对话中，重点会放在生生之间的对话。

之前的学习中，我们已经了解到，对话与讲授不同，对话是双向互动的，而讲授是单向的。合作学习本质上就是人际互动，课堂上教师提问，学生回答，严格地说也还不能算作是真正的对话。在对话中，学生是主动的，他们可以提出疑问，甚至质疑，所以真正的对话是"批判性"的。

说了那么多，现在要谈谈到底什么是对话。

对话其实是个统称，包括发表见解、闲聊、讨论或商议决策、说服并使他人改变、谈判以达成交易、争论并表达不满、寻求信息、表达情感，等等，都属于对话。

那什么是课堂对话（classroom dialogue/discourse）？

课堂对话是师生间或者生生间围绕教学目标的实现所形成的良性的交流活动。课堂研究专家克里丝汀（Christine）将课堂对话定义为，课堂教学中由个体提出问题或发起对话而至少有一个个体进行回应的言语交流过程。

无论是师生对话还是生生对话，学习者与他人的对话都可以提高学习效果。主要是因为：

（1）通过对话，可以从他人那里获取新的知识信息，有助于学习者意识到自己以前意识不到的东西，从而引导他们拓展自己的认知结构。

（2）学习者与他人之间的交流、争议等有助于学习者对新信息建构起更深层的理解。我们之前已经知道，新信息要在记忆中保持并与原有的知识产生融合，就必须介入对学习的认知重构或精细加工活动之中。也就是说，学习者必须通过编码和深度加工，才能达成对新信息的理解。所以，课堂上让学生详细解释甚至质疑他们被"告知"的东西，无论他们说得好不好、对不对，都能检验新信息与原有知识、熟悉的内容之间的关联，从而建立新的"图式"。

（3）在与他人的对话过程中，学习者的想法、解决问题的思路都被明确化和外显化了，学习者可以更好地对自己或他人的理解和思维过程进行监控；让思维活动显性化、外部化，可以显著地提高一个人的思考力。因为你要向别人表达自己的观点，迫使你不得不更清楚地表达，用别人能理解的方式表达，这无疑会使你更深刻地认识到自己真实的想法，并使你的认知结构得到完善。

（4）在对话中，学习者之间观点的差异可以引发学习者的认知冲突，为学习者修正自己的旧知创造了条件。特别是，当他人展示的观点与自己的信念不一致的时候，学习者需要重新检查自己原有的认知，这就有可能进行认知重建。

个体的知识建构过程，不是个体头脑中封闭的事件，而是在不断地与他人的个人化知识进行沟通和协商的过程中，达成某种"共识"。更彻底地说，根据社会建构主义的观点，知识就是学习者通过协商达成的"共识"。

（5）当学习者有机会同他人在学习任务方面互相影响和彼此协作时，学习的效能能够得到增强。在对话及协作的教学情境中，每个人都有机会表达自己的看法，反思自己的思维，这就促进了更高层次的认知、社会交往和道德发展，也强化了个人的自尊、自信，而自尊和自信会支持学习者完成原本靠个人难以完成的学习任务。

总之，在课堂学习过程中，尤其是在认知加工阶段，为促进学习者对知识的理解，课堂对话是必不可少的，或者说简直就是"标配"了。这一点在学术界得到了广泛认同。

研究还认为，在两个或两个以上个体之间进行的长时间的主题化的对话更为有效，那些真正起到良好作用的对话，不可能是短暂的和支离破碎的。这是因为：

（1）信息量更大。时间上得到保证以及对话主题明确，这样的群体性交谈才有可能是多向性的信息传递，因此信息量更大。

（2）认知角度更多。因为时间充分，而且锁定主题，有利于打破认知上的"自我中心"，学生可以从不同角度认识同一事物，而多角度的认知可以通过讨论促进相互理解。

（3）思维水平更高。高阶思维一定是在高水平认知方面才能发挥作用的，对话活动中频繁使用"分析""评价""判断""选择""决策"等，当然也就要使用高阶思维了。维果茨基认为高阶思维发展是一个建构过程，但是学生不能独自完成这一建构过程，也不能主要依靠与物理世界的互动而建构，高阶思维的发展本质上是一种社会活动。所以，越是在对话活动中，就越是能促进学习者高阶思维的发展。

下一个问题是，我们如何促进有效对话？

有效对话的一个重要前提就是要创造一个安全的心理环境。当人们感觉安全时，大脑皮层可以自由地连续运作，任何使人产生焦虑或对人具有威胁的事物都会降低人脑运作的机能。在安全舒适的环境下，大脑任意驰骋，易于发挥功能；反之，在威胁、不安全的环境中，人脑会产生退缩。无论是师生对话还是生生对话，都需要这样的环境。

那么怎样才能创造安全的环境呢？

你得保证对话双方是平等的和互相尊重的，否则，对话就无法开展。好多家庭中孩子与父母无法对话，为什么？是缺乏对话能力吗？是，也不全是。我认为最重要的还是因为代际不平等，父母总是认为自己要比孩子高一等，自己随便说什么，都希望孩子要服从。

如果在课堂里，师生关系或生生关系不平等，相互之间做不到彼此尊重，课堂对话就没有办法展开。所以，课堂里人际对话的核心就在于平等和尊重，只有这样，才有可能自由地表达不同的思想和观点，彼此欣赏，吸纳对方的智慧和经验，真正的学习也才有可能发生。

那怎样才能建立平等的和相互尊重的关系呢？靠思想教育吗？是，也不全是。良好关系要靠合作学习策略，也就是卡甘说的合作结构，通过相对固定的

"脚本"和"支架"来保证平等和尊重得以实现。

卡甘认为，安全的心理环境有助于学习，而合作结构能为学生创造一个安全的学习情境：学生明确知道与他人分享观点时不会被取笑，他们可以勇敢地作出尝试，就算出错也不用感到尴尬，他们可以将精力集中于思考而不是无意义的防范。卡甘说："合作结构使学生能自由地表达自己的观点并关注他人的观点，结构事实上释放了大脑，使大脑能进行高层次的机能运作。"

这一讲，我们就来研究那些能创造适合课堂对话的合作学习策略，又称为对话式学习。

我们将对话式学习分为三类：

（1）争辩性对话，即作出辩论和反辩论。争辩性对话有一定的竞争性，我将给大家介绍合作辩论法、质询时间和四角站立法等策略。同时，要介绍批评性思维和对话规则等内容。

（2）累积性对话，这是在对话学习中最常见的一种，目的是让人们表达自己的感受或者想法，并认真倾听别人的意见。在累积性对话中，参与者可以自由地说出自己的想法，不求胜负，只要言之有理即可。我将给大家介绍发言卡、内外圈和学习共同体等策略。同时，要讲讲清晰表达和倾听的问题。

（3）探究性对话，这是对话学习中最重要的一种，这种对话是要围绕某个话题进行深入探索，以提升对话者知识的增量，因此对话必须有一种有利于贡献智力的气氛。参与者提出的观点并不能自动获得认可，这点不像累积性对话；参与者陈述自己观点的目的也不是为了竞争，这点不像争辩性对话。探究性对话的参与者在对话时，要动用高阶思维，即分析、综合和评估的技能，对话要有建设性。我将给大家介绍坐庄法、综合排序法和鱼缸法等策略。

二、争辩性对话怎么做？

争辩是最为激烈的和富有对抗性的对话。接下来要给大家介绍争辩性对话的好处、常用的争辩性对话策略，以及为提高争辩性对话的质量我们应该做哪些努力。

首先要介绍争辩性对话给学习带来的好处。

（1）促进积极的学习。激烈的对话活动给大脑提供了各种刺激，使大脑细胞始终处于"被使用"的活跃状态，这种功能上的活跃状态进一步提高了学生思维的活跃性。

在争辩活动中，为了清楚表达自己的观点，学习者必须根据自己对环境和对手的观察分析，选择并运用各种表达方式，有条理地表达自己的观点，这将大大刺激语言能力的发展和智力发育。通过争辩，学习者可以学到争论、辩论的逻辑技巧，这对他日后思维的发展是极为有利的。

（2）培养批判性思维。批判性思维是一种高级的思维。批判性思维是对思维的思维，通过一定的标准来评价思维，进而能够改善思维。早在1998年，联合国教科文组织就把"培养批判性和独立态度"视为教育、培训和从事研究的使命之一。世界上大多数国家和国际组织都将批判性思维列入学生的核心素养。

争辩性活动为什么能培养批判性思维呢？那是因为辩论属于一种逻辑推理的思维活动，辩论过程中需要保持清晰、符合逻辑和前后一致的思维方式，需要对主张、论点或者论据等持质疑的态度，并通过可靠的论据或者理由来进行一系列的证明，这当然是一种更高级的思维。

（3）提高学习者的自信。心理学家认为，争辩能帮助学习者变得自信和独立。在争辩性活动中，学生们勇于表达自己的观点、感受，更能感受到自己人格的独立性，感受到自己的想法被重视、被关注，这会使学生变得更自信和开朗；争辩的胜利，能使学习者获得更大的成就感。

（4）学会如何处理分歧和冲突。真实世界中总是存在分歧、冲突、矛盾、差异，在争辩过程中，学生学会怎样对待这些不和谐，学着如何跟他人交流意见，如何处理不同意见，这是成长过程中非常重要的一步。

（5）有利于对知识的深度加工。加工阶段的合作学习，目的是使学习者之间通过对话活动对新信息进行深度加工。出于思维外部化的需要，学习者当众表达自己的观点，而激烈的争辩性活动促使他们对讨论的话题进行一种相对复杂、精致的观察和思考，以迎接竞争对手的挑战。

争辩性对话有不少优点，但是这类活动毕竟存在一定的竞争性和对抗性，所以特别需要建立争辩规则，在实施过程中更需要教师的组织管理，以防止辩论变成了强词夺理、无理取闹。

这就要谈到争辩性对话的实施策略。主要介绍三种：合作辩论法、质询时间以及角落。

争辩性对话1：合作辩论法

"合作辩论法"是约翰逊兄弟开发的合作学习策略，又称为学业争辩法、合作性冲突法。约翰逊兄弟认为，每当矛盾的、不能被协调的活动发生时，冲突就产生了。而合作和冲突是紧密相连的，如果不能建设性地处理冲突，合作的根基就不能维持，冲突的解决情况在很大程度上决定着合作学习的成功程度。因此，他们认为，合作学习的关键不在于冲突是否发生，而在于如何有效地解决冲突。有效解决冲突将会提高学生的学业成绩，增强记忆，促使学生相互间建立积极的关系，促进学生认知和心理的健康发展。正是在解决冲突的过程中，学生学会了澄清观点、探究因果、反思立场和解决问题。

基于以上观点，约翰逊兄弟明确提出了构建合作辩论法的基本步骤：

（1）明确任务。选择一个能被学生驾驭的内容为争论主题，这一主题正反两方面的观点都可以被证明。教师把相关的材料分别放入正方和反方两个文件袋中。此时，学生必须清楚自己的立场是什么，知道到哪里去寻找相关的资料，以便能在接下来的辩论中形成自己的论点和论据。

（2）分组配对。将学生分为四人一组，每组中两两配对形成两个小小组，组内的两个小小组分别成为辩论中的正方和反方。

（3）收集资料。每组同伴的任务都是相同的：学习相关的论点材料，寻找支持自己论点的材料；研究与己方论点有关的信息；准备好一系列具有说服力的论据来证明己方的论点，并在此基础上形成一份具有说服力的说明材料。

（4）目标一致。每个学生都应该掌握与辩论双方有关的所有信息，可以通过小测验的方式来检验学生的掌握情况；每个合作学习小组都要写一份小组报告，在报告中对小组中的每位成员的表现进行评价。如果小组中的四人均在测验中掌握了辩论双方的观点、信息等，那么小组每位成员都可以获得五分。

（5）轮流阐释。四人小组中的每一对成员相互阐释、介绍各自的观点。需要指出的是，在这个阶段里不要进行辩论，每个成员都应认真倾听对方的观点，并做一些适当的记录。

（6）自由辩论。双方依据各自的观点、材料进行辩论。为了支持己方的观点，学生对对方的论点和论据提出质疑，并进行针锋相对的评价；同时，学生也可以反驳对方的"攻击"。每个学生都应做详细的记录并真正掌握、理解对方论点的真实含义。有时，学生也可在争辩过程中进行协商，从而提出新的论点和论据。

（7）变换立场。辩论双方变换各自立场，正方和反方互换。尽自己最大努力真诚地介绍和阐述对方的观点。这一环节，争论双方可以调换各自所坐的位置，但只能利用自己的笔记，而不能使用对方搜集、整理的论点和论据。

（8）达成一致。全体小组成员舍弃一家之言，尽量达成一致见解。小组合作写出一份有理有据的小组报告，这份报告不以辩论中的任何一方为主，而是从第三者的视角出发，综合双方的论点和论据；全体成员都在完成的小组报告上签名，签名意味着他们都赞同这份报告并能解释说明报告内容；每一位小组成员以个人身份参加涵盖双方观点的小测验，如果全体小组成员的成绩都在预定的标准之上，那么每位成员都能获得五分。

争辩性对话 2：质询时间

"质询时间"这一对话式学习活动是根据 BBC 长期播出的同名电视节目改编的。如果讨论的主题可以从不同的角度进行解释，那么使用这种方法效果最好。具体操作步骤如下：

1. 确定讨论主题

教师首先介绍讨论的主题。

2.确定角色，准备质询

（1）选出五个学生（或者志愿者）作为质询时间的嘉宾。教师分配给这五个学生每人一个观点，之后安排他们到教室的另一边，让他们写下该如何从各自的观点来解读这个主题。

（2）其余学生分成三人或者四人一组，并确定这个话题可以进行讨论的领域。学生小组确定之后，让他们根据不同的领域设计问题，并把问题写在教师分发的小纸条上；把纸条收集起来。

3.重新布置教室

教室前面放三张桌子和六把椅子，其余的椅子面向这三张桌子排成一排。教师坐在三张桌子的中间，五个学生嘉宾分别坐在两边。其他学生扮演观众，坐在对面的椅子上。

4.质询活动

（1）教师（主持人）先介绍嘉宾，以及每个嘉宾各自所代表的观点，然后从小纸条中随机抽取一个问题。

（2）在座嘉宾应邀回答问题，轮流阐述各自的观点。教师（主持人）指定发言顺序以及发言的人。

5.自由讨论

教师（主持人）邀请观众对嘉宾的回答发表意见。

6.重复第四步和第五步

继续以这种方式进行讨论，教师（主持人）随机选出更多的问题，然后由嘉宾和观众一起讨论。

在《如何在课堂中使用讨论》一书中有一个这样的案例：五名学生自愿成为质询时间的嘉宾。给他们提供以下几种理论观点：（1）马克思主义；（2）女权主义；（3）功能主义；（4）后现代主义；（5）交互作用论。

这几个同学全到教室的另一边（这样他们就不会听到其他学生正在设计的问题），分析如何用他们的观点解读社会中的犯罪现象。

其余学生确定犯罪社会学中可以进行讨论的领域，并基于这些领域提出相应的问题。

教师把问题收集起来，重新布置教室，开始讨论。

我们可以假设一下，教师提出的第一个问题是："世界上为什么会发生犯罪？"这个问题为每位嘉宾从自己的角度来探讨主题提供了足够的空间。同时由于嘉宾各自的观点不同，因此也很容易产生分歧。届时，观众可以根据自己的分析提出自己的观点。接下来应该进行高质量的分析性的讨论，等一个问题进行充分讨论之后再进行下一个。

扩展和延伸：

（1）在教师扮演主持人的角色时，可以展现各种不同的性格。例如，和蔼可亲的、好问的、咄咄逼人的、自相矛盾的和抚慰人心的性格。教师可以根据讨论的当前状态，适时展现不同的性格。

（2）请观众直接回应嘉宾团成员的点评，这将有助于形成针对不同观点或者不同解释的辩论。

争辩性对话 3：角落

"角落"（corners）是卡甘研发的合作学习策略，要求每个学生都以自己的观点参与到某一角落的活动之中，这个角落代表着教师事先确定好的某一观点，学生们在角落里展开讨论，最后汇报他们所属角落的观点，并展开辩论。

角落的具体实施步骤为：

（1）教师宣布观点，每一个角落代表一种观点。

（2）学生独立思考并写下自己所选择的观点。

（3）学生走向代表他观点的角落。

（4）学生在角落里互相交流讨论。

（5）教师随机抽取学生，汇报其所在角落的观点。

我的团队研创的"四角站立法"与卡甘的"角落"类似，具体步骤如下：

（1）对某一开放性问题，思考自己的立场："非常同意""同意""反对""非常反对"。

（2）相同立场的学生站在一起，构成四个谈话角。

（3）每个谈话角选出一名代表作为主持人，在成员中收集支持本立场的论据。

（4）主持人代表向全班陈述立场，并与其他小组展开辩论。

（5）四个谈话角的代表陈述完立场后，成员可变换立场，站到新的立场角落。

（6）改变立场的学生向全班解释改变立场的原因。

实施"角落"或"四角站立法"时要注意如下事项：

（1）如果只有一位学生选择某角落，因为没有讨论伙伴，可以要求他选择第二感兴趣的角落。

（2）当学生在角落里讨论各自的观点时，他们可以成对讨论，也可以变化搭档。

（3）可以变式使用，如当学生完成了角落内的讨论后，教师随机选出学生代表，使其移动到另一角落，分享另一角落的观点，最后从那些没有被选为代表的学生中随机抽取若干位，向整个班级汇报他们的观点和主张。

以上给大家介绍了三种争辩性对话策略。这三种策略有些共同点，这些共同点都能避免争辩性活动可能带来的问题：

（1）与其他合作学习策略一样，这三种策略的流程都很清晰，可以有效避免论辩带来的"混战"。

（2）虽然带有竞争性，可是依然强调合作与共识。"合作辩论法"通过"变换立场"的环节，让争辩双方都能站在对方立场上再次审视所讨论的问题，并且在最后环节，要求辩论双方达成共识；"质询时间"通过规定思考问题的视角，帮助学生从不同角度认识同一个问题；"四角站立法"通过设立"角落"，避免了不同观点间直接的对立和冲突，让学生认识到这个世界并不是"非黑即白"。

（3）鼓励学生充分袒露自己的真实想法，避免了对话者之间的人际冲突。在"合作辩论法"和"质询时间"中，各方观点都是由教师事先指定的，这使得辩论不至于伤及人际和谐；而"角落"和"四角站立法"各派一名代表向全班汇报，更有利于学生的真实表达。

以上介绍了三种争辩性对话，下面再来谈谈争辩性对话的操作要领：

确保争辩性对话的公平性

争辩性对话中发生争论甚至争执，这是难免的。有时候教师会有意制造认知冲突，不仅要引发学习者内部的认知冲突，还要通过与他人在认知上的摩擦和碰撞，以刺激冲突发生。问题是，并非所有的争论和冲突都是富有成效的，这就要提到对话的规则问题了。

德国著名的哲学家和社会学家哈贝马斯（Habermas）认为，主体之间的交往就是在对话，为使双方的言语有效，就必须遵守以下三条规则：

（1）言语的真诚性。为了确保对话双方的意向真诚，他们需要选择一个双方都能理解的话题，可以确保互相知道对方要表达的内容。

（2）言语的真实性。即对话双方的演说必须是准确无误的，可以使得听者认同说话者的观点，进而分享对话者的知识。

（3）对话的公正性。对话双方需要保证对话建立在公正的基础上，主体之间有适当的行为规范，保证对话的有效性。

对话的公正性是争辩性对话成败的关键，参与对话者在对话过程中的地位是平等的，双方都有表达自己思想的权利和机会。对话的过程既是表达自己真实态度和思想的过程，也是倾听对方表达的过程。在对话中，没有认识上的权威和控制，谁都不能压制他人，谁都不应该被对方淹没；同时，学生在对话中要学会保持谦逊，要不断反思自己，而不是一味地批评别人，更不能有地位上的居高临下和对言论的压制。

要教会学生讲道理

所谓会讲道理，就是严格遵守逻辑规则。逻辑规则主要强调三条：（1）亮出观点；（2）阐明理由；（3）论证正确。

首先是"亮出观点"。比如说，我认为"合作学习是近20年来最成功的教学改革策略"，这是一个观点。争辩性对话不能没有观点，观点也可以称为"争议点"。

其次是"阐明理由"。什么是理由？理由就是我们为什么要相信某个结论的解释说明或逻辑依据。一个人有没有头脑，一个标志性的特征就在于能否提供充足的证据来支持自己的主张和看法。当我发表观点"合作学习是近20年来最成功的教学改革策略"之后，我就要提供理由来支持这一观点。要是拒绝提供理由，只是强调我"就是"这么认为的，那就是蛮不讲理了。所以，一个谦逊的对话者总是要主动给出理由的。

最后是"论证正确"。除了要有观点和理由，还要确保观点和理由之间构成逻辑关系，也就是论证正确。为了保证对话的有效性，学生应该学习演绎推理、归纳推理和类比推理这三种主要的逻辑方法。

我认为，如果缺乏基本的逻辑训练，导致争辩性对话缺乏共同的思维法则，那么这样的课堂对话是无效的，只能是貌似对话的"行为艺术"。

帮助学生建立批判性思维

在教学中教师要通过争辩性对话来培养学生的批判性思维的技能和态度。或者说，我们要求学生独立思考，就是要让他们学会运用批判性思维方法来思考问题。下面我们来看批判性思维的四个方法。

（1）质疑话语背后的基本假设。

最近我右眼的飞蚊症明显加重。妻子对我说："你要是早点把烟戒了，哪里会有飞蚊？"妻子的这句话是有问题的，问题在于这句话背后所隐藏的一个基本假设，那就是"吸烟与视力有关"。

这个基本假设成立吗？显然不成立，飞蚊症与我的高度近视眼以及年龄有关，却与吸烟无关。而妻子之所以会扯上吸烟，是因为她一向对我吸烟的毛病耿耿于怀，她固执地相信我的一切问题的根源都是香烟引起的，吸烟简直成了

"万恶之源"。所以发现并质疑这些基本假设，是批判性思维的基础。

（2）检查事实的准确性和逻辑的一致性。

如果你到上海，接触到一个上海男人，感觉这个男人不够大气，于是你就感叹："上海男人到底小气。"接触了一个不够大气的上海男人，怎么就能推导出上海男人都很小气呢？这个逻辑有问题。

于是你改口说："不对，我纠正一下，是眼前这个上海男人很小气。"可是，你怎么就能凭着偶尔一次接触就能判定这个男人小气呢？这个逻辑还是有问题。

于是，你再次改口说："今天，这个上海男人很小气。"可是，今天这个男人对你很小气，能不能说明这个男人很小气呢？也许他对别人都很大方呢！还是逻辑不对。

最后你决定这么说："今天我遇到一个上海男人对我很小气。"这就对了。

（3）关注特殊背景和具体情况。

一个年轻小伙在公交车上没有给大爷让座，是因为小伙不懂礼貌吗？恐怕未必吧！也许今天他失恋了很痛苦；也许家里遇到大事，心事重重；也许身体不适……

（4）寻找其他可能。

主持人访谈一个孩子："如果飞机要坠毁了，只有一个降落伞，你怎么办？"孩子说："我背着降落伞跳下去。"所有观众哄堂大笑。大家都认为那个孩子是个童言无忌的胆小鬼。孩子在大家的笑声中急得哭出来了，他说："我是去找人来救大家。"所以，你不一定都是对的。

批判性思维是起于质疑的一种思维技能，是"熟练地和公正地评价证据的质量，检测错误、虚假、篡改、伪装和偏见的能力"。它能帮我们尽可能地获得最准确的认知，从而接近真相，批判性思维无疑能促进争辩性对话的质量。

以上我们学习了第一种对话式学习策略：争辩性对话。我们还学习了争辩性对话的好处，学习了"合作辩论法""质询时间"和"角落"这三种策略的流程和操作要领。争辩性对话是最激烈的对话，操作不当会滑向恶性竞争而不是"合作学习"。

下面我们要讨论相对比较温和的对话式学习策略：累积性对话。

三、累积性对话怎么做？

累积性对话又称为分享性对话，是对话活动中最常见的一种，这种对话由参与者向同伴发表自己的感受和想法，而话题带有很强的开放性和随意性，不必有什么结论性意见。与争辩性对话不同的是，累积性对话几乎不受外部竞争性压力的影响，对话仅仅是为了分享观点，而不是求胜负，也就可以使参与者更好地敞开真实的自我，从而提高知识的增量。

累积性对话有点像是滚雪球，一个雪球从白雪皑皑的山上滚下来，越滚越大，雪球前进路上的雪都滚在了雪球身上，直到它滚到山脚下，雪球要比最初的时候大得多。在累积性对话中，第一位学生的发言就像是一个小小的雪球，经过了反反复复的对话，学生们对某一知识或话题的认识由少到多，由粗到细，不断地丰富和完整。

"滚雪球"本来就是一种累积性对话策略，大致上可以分为以下几步：

（1）要求学生独立思考一个问题或主题，写下自己的想法。

（2）与身边的同伴组成两人小组，分享想法。两人小组讨论彼此的观点，对比彼此的笔记，寻找共同点，确定他们能达成共识的内容。

（3）两个两人小组组成四人组，面对面的两个两人小组轮流分享他们的想法，确定他们能达成共识的内容。

（4）各个四人小组分别与全班同学一起分享他们的想法。

（5）教师总结汇总大家的意见，也可以由学生来做总结。

累积性对话看似简单，其实不然，要确保有效性，主要有三个关键点：一是小组内不能有权威；二是优雅地倾听；三是只描述不评论。

小组内不能有权威

为什么累积性对话比争辩性对话更能产生知识增量呢？一个重要的条件就

是话题的开放性，但是，如果事先设定某个权威，无论这个权威是人还是真理，讨论就被锁死起来了。因为在权威在场的情况下，对话者会因为害怕责罚而选择沉默或停止探索。因此，累积性对话需要对话者之间关系平等，平等才有心平气和讲道理的氛围，也才有真正的对话。

累积性对话的课堂应该是一个安全的"意见的自由市场"，让不同的看法和观念得以自由袒露。

优雅地倾听

对话者要扮演好"聆听者"的角色，具体来说，在对话过程中，一定要把对方的话听完整，听完后才去想该如何响应，而不是急于"插嘴"。为什么要在对话中严格禁止插嘴？因为插嘴是破坏对话的"杀手"，好多人际冲突都是从插嘴开始的。不要急于发表不同意见，而是在发表自己的意见之前，复述对方意见，并承认对方意见的合理之处。

一个好的倾听者，要做到这三个动作：倾听、不插嘴、确认对方观点，一个都不能少。教育界有句名言"教是倾听，学是告诉"，这无疑触及了教学的本质。

教师成为一个优雅的聆听者是学生成为聆听者的前提。据我观察，教师在课堂中为了赶进度，对学习者的发言，特别是"糟糕"的发言，往往缺乏倾听的耐性。

只描述不评论

累积性对话要尊重每个人的发言，要求参与者认真倾听。但是毕竟对话活动是相互的，我们不能将小组内每个成员的轮流发言变成每个人的"独白"，于是就应该要求对话者对同伴的发言作出描述性的回应，但不要作任何评价。在累积性对话中，会引入"复述通行证"的方法，要求参与者在发言之前，先复述前一位或所有之前发言者的观点，在大家认可（领到通行证）的情况下，才能继续发言。

"接力法"是一种最常用的累积性对话策略，这种策略要求小组成员每人只回答一点想法或一部分内容，其他成员依次发言或作补充，直至无话可说，或已经构成了完整内容。在接力法中，我们要求不能重复其他成员已经说过的内容，并且采取"复述通行"的方法，一方面强调倾听，同时也顾及到了对对方的回应。

下面要给大家介绍累积性对话的常用策略，刚才我们实际上已经介绍了"滚雪球"和"接力法"，下面我们再介绍两种方法：发言卡、内外圈。

累积性对话 1：发言卡

发言卡的实施步骤是：给每个学生发放三张发言卡；小组成员在组内发言，每发言一次拿出一张卡片放在桌上；卡片用完后，不能再发言，只能提问，直到每个人都用完发言卡。

关于发言卡，我想强调几点：

（1）发言卡的张数可以根据需要确定，也可以每人不一样多。有时候为了给学困生更多的发言机会，可以给他们更多发言卡，这么做也能防止学习能力强的学生占领话语权。经常有教师遇到合作学习中学生不参与小组讨论的问题，发言卡便是一种促进学生参与的策略。

（2）这一策略虽然名为"发言卡"，实际上可以尝试使用各种名目的卡，比如"建议卡""赞美卡"等，有了这些卡，学生的发言会得到鼓励，这显然有助于他们更积极地投入学习。在发言卡的创造性运用方面，教师的空间还是很大的。

（3）我们还可以让学生参与发言卡的设计，使不同图案和颜色代表不同的功能，他们会喜爱自己的发言卡。

（4）并非只要发言就可以出卡片，为了体现对话的互动性，我们一般要求学生发言完毕之后，向小组内的其他成员寻求反馈，在所发表的观点得到大家的接受后，方能将发言卡放到桌上。

累积性对话2：内外圈

"内外圈"是由学生组成两个讨论圈，分别为"内圈"和"外圈"，然后展开对话。实施步骤如下：

（1）小组中一半成员组成内圈，他们面朝外；另一半成员组成外圈，面对内圈；外圈中的一个人面对内圈中的一个人。

（2）面对面的两个成员进行交流。

（3）外圈的成员轮换位置，面对内圈中的另外一个人。

（4）面对面继续交流，直至与对面每一个成员都进行过对话。

关于"内外圈"我想补充这样几点：

（1）讨论圈可大可小，大的讨论圈甚至可以全班只有两个圈，比如女生构成内圈而男生构成外圈；小的讨论圈可以由四人构成，两人构成内圈而另外两人为外圈。

（2）因为是累积性对话，所以要鼓励学生在讨论中不断修正和完善自己的发言。

（3）为了确保内外圈正常运行，应限定每次发言的时间。

（4）如果教室空间不够，可将内外圈移到室外进行。

以上给大家介绍的是累积性对话。累积性对话是三种对话中最自由的一种，但是要防止对话无法促进知识的增量，因此要帮助学生克服以下三个毛病：

（1）"自传式回应"的毛病。什么是自传式回应？就是随便一个话头接过来，都能谈很久，哪怕一知半解，也要利用自己的话语权唠唠叨叨，轻易地给出建议，甚至教训对方。教师其实更容易犯这个毛病，"好为人师者"最经典的自传式回应，就是喜欢随时随地做别人的人生导师。

（2）轻易给人下判断和下定论的毛病。这个毛病教师也犯得多，比如"你们这些人，心思就不用在学习上""你们就是懒惰，一点都吃不起苦"。好为人师者的长篇大论常是从对对方的妄断开始的。

（3）恶意揣摩他人动机的毛病。这一点，我们做老师的也要尽量避免。比如"为什么你来告状，分明是恶人先告状，这样你就可以逃避责任了吧"。好为人师者还往往自鸣得意于自己能识破别人的小心思。

无论是自传式回应、妄断，还是揣摩他人动机，都是以自我为中心，都是在扮演傲慢的权威角色，把自己放在一个制高点上，用审判者的眼光去看待他人，而失去了对话者的优雅。教师要给学生指出这些问题，使他们对这三个容易犯的毛病保持自我觉知。

四、探究性对话怎么做？

探究性对话，顾名思义就是以探索新知为目的的对话活动，因此，这种对话也被看作是对话学习中最重要的一种。

探究性对话要求围绕某个话题进行深入探索，参与者都要为达到目的贡献智力。与累积性对话不同，参与者在探究性对话中所提出的观点并不能自动获得认可，而要经过严格的逻辑审查；与争辩性对话不同，探究性对话的目的是为了寻求知识，而不是为了战胜对手。

因为探究性对话需要参与者深入探索，并且使对话具有建设性，所以就要动用高阶思维，并对参与者的互动语言和对话技能提出更高的要求。

下面先给大家介绍几种典型的探究式对话，然后再来看在具体的对话活动中，对参与者有哪些要求。

探究性对话 1：坐庄法

坐庄法的实施步骤如下：

（1）组成 4~6 人小组，确定 ABCD 等角色；

（2）每个成员都将独立思考后形成的答案写在纸上；

（3）由一名成员担任对话主持（坐庄），主持人邀请组内某一成员时，该成员进行回答；

（4）主持人在听取了所有成员的意见后，进行汇总，达成共识后形成小组意见；

（5）小组派代表向全班发布讨论结果。

所有的对话活动都要防止有任何学生成为"权威"和"麦霸"。为什么对话前非要指定一名主持人"坐庄"？坐庄法的关键其实不在于是否有主持人，而在于主持人由谁来担任。我们一般建议由组内学习能力强的学生担任主持人，这是为了使优秀学生让出发言的优先权，其他学生特别是学困生就能获得更多的发言机会。

为此，我们会要求主持人邀请学习有一定困难的学生优先发言，而由其他成员作补充，或者发表不同意见。为什么要这么做？首先是考虑到让困难学生优先发言，减轻了发言的压力，有利于缓解他们的学习焦虑。其他学生作补充或提意见，提高了倾听和表达的质量。主持人最后汇总大家的意见，这使得优先发言的学生有可能从他人的补充和意见中获得新的启发，从而获得知识增量。

探究性对话 2：综合排序法

这又是卡甘开发的一种合作学习策略，这一合作结构为每位学生提供了平等参与决策的机会。当小组成员对某一问题产生分歧时，运用综合排序法可以有效地调动所有成员的参与，并通过探究性对话对小组意见进行取舍。

综合排序法首先要求小组成员按照个人意愿从高到低对不同的观点进行抉择，小组对每位成员的决定进行统计并重新排序，最后公布结果。

综合排序法的实施步骤为：

（1）向参与者提供或者由他们自己创建一组不同的决策意见；

（2）每一位小组成员按个人观点从高到低对意见进行选择；

（3）在小组中对每一种选择的结果作出统计并重新排序；

（4）各小组选出一位代表，代表公布本组的统计结果；

（5）对各小组的最高得分项目进行公示。

探究性对话 3：鱼缸法

"鱼缸法"的名称很形象，用来描述学生们犹如金鱼一样在鱼缸里游来游去。"鱼缸法"与"内外圈"很相似，但又不同。"鱼缸法"是这么安排讨论的：

（1）学生组成两个同心圆，称为内圈和外圈。引入一个主题、问题或者是观点，作为讨论的基础。

（2）教师坐在内圈，与同样坐在内圈的学生开始讨论。坐在外圈的学生认真倾听并做笔记，记录的内容包括：①讨论的内容；②讨论的方式。

（3）轮到坐在外圈的学生进行互动讨论。他们一直都在观察和倾听讨论过程，就像是透过玻璃鱼缸看金鱼一样。现在，外圈学生讨论刚才内圈同学讨论过的内容以及讨论的方式。

外圈学生们的对话应体现探究性：①说明内圈同学作出评论的优缺点及原因。②明确讨论的方向并论证这样做是否有可能富有成效，或者新的方向是否是更好的选择。③强调迄今为止没有得到过多关注的领域。④分析到目前为止讨论的优缺点。⑤提出改进讨论的方法。

（4）外圈补充讨论结束之后，教师可以安排内圈和外圈学生互换位置，之后再开始新的讨论。或者，内圈和外圈学生的位置保持不变，内圈开始新的讨论，并回应外圈学生刚才作出的评论。

下面举一个使用"鱼缸法"进行探究性对话的案例，主题是"动物研究的伦理道德"，摘自《如何在课堂中使用讨论》一书。

全班分成两圈，教师给内圈学生几分钟时间思考一个问题："在动物身上做实验对不对？"与此同时，教师给外圈的学生提出观摩内圈讨论时的关注点和任务。

在教师的带领下，内圈开始讨论，对与动物实验相关的问题进行各种辩论。坐在外圈的学生根据讨论前教师的安排，对讨论的内容做记录。第一阶段讨论结束，外圈学生开始第二轮讨论，活动继续如上面所述进行。

以上介绍了三种探究性对话：坐庄法、综合排序法、鱼缸法。相比于累积性对话的畅所欲言，探究性对话要求对话者抑制语言冲动，在对话之前要进行充分的独立思考，在深思熟虑之后再发表观点，并准备接受同伴的逻辑审查。

为提高探究性对话的质量，教师在平时的教学中就要培养学生深思熟虑的习惯，掌握理性对话的语言，以提高说理能力。

我们要告诫学生，课堂讨论并非追求终极真理，说理的那个"理"不是真理的"理"，而是理由的"理"，讨论中每个人说的都不是终极真理，而是支持结论的理由。因此，就要教学生们掌握"讨论语言"。

什么是"讨论语言"？语言的功能很多，诗人在写抒情诗时，用的是抒情语言；谈情说爱的人用的是情绪语言。而讨论语言很不同，讨论语言之功能在于表达确定的真假、是非、对错。因此，教师要鼓励学生系统化、有条理地表达观点，并尊重和理解与自己不同的观点；对于不同观点，能注意倾听，并愿意据之调整自己的观点。具体来说，我们应要求学生在理性表达方面做到以下几点：

（1）不仅说观点，还要说理由。发言中一定要向同伴解释自己是如何得出这个答案的。

（2）讨论中，要把现在学习的内容与以前学习的内容联系起来进行考虑，说出今天所学的知识与之前学习的那些内容有何关系。

（3）一名成员发言完之后，所有人都要表示同意或反对，并且说出自己的理由。

（4）每个人都要参与活动或承担小组的某项责任。

（5）发言不能跑题，主持人有权阻止跑题的发言。

（6）不搞少数服从多数，除非从逻辑上被说服了，否则不要随便改变主意。

（7）批评不正确的观点，而不要批评人。

为提高学生讨论语言的质量，我们可以事先给学生提供发言模板，以帮助学生养成正确的语言习惯。下面给大家提供一份济南育秀小学教师们制定的语言模板，相信对你有用：

1. 了解对方是否理解自己的表达：

我说清楚了吗？

有没有让你觉得困惑的地方？

2. 追问对方的论据：

你能用自己的话再重复一遍吗？

你能再解释一遍吗？

你能给我看看你是在哪里找到的那条信息吗？

我明白……但我不明白的是……你能帮助我吗？

3. 礼貌地表示异议：

我理解你的想法……但我认为……

我同意你的看法，因为……但对于……我并不赞同，有没有可能我们两个的想法都是正确的呢？

你的想法很有意思，但对于……我并不赞同，你能告诉我为什么你这么认为吗？

4. 借用彼此的想法：

你刚才说到……这使我想到了……

我们的想法很相似，因为……

我们可以用……和……来解释……

这个新想法采用了……的想法和……的想法。

五、学习共同体中的对话

合作学习是一种学法，也是一种教法，但对合作学习的认识不能仅局限于"法"的层面。合作学习较之于以往传统的教学理论和教学方式，无疑更具有人文色彩。在小组活动中，同伴之间互帮互助、真诚对话、共同探讨、共同解决问题，充满了温情与友爱，师生们应该结成学习共同体。

"共同体"一词最早源于古希腊语 Koinonia，具有集体、共同体、联合体等意义，"共同体"成为自古希腊以来西方政治学的一个基本范畴。马克思也描述了"共同体"，他将基于个人的自由联合所形成的"共同体"称为"真正的共同体"。马克思指出："只有在共同体中，个人才能获得全面发展其才能的手段，也就是说，只有在共同体中才可能有个人自由……在真正的共同体的条件下，每个人通过这种联合获得自己的自由。"

美国教育家约翰·杜威倡导教育中的共同体价值，他认为学校应该是共同体，因为个体只有在"共同体"内部才能实现生长，即实现个体经验的不断改组或改造。他强调在共同体中才能实现人与人的平等，即师生关系和生生关系的平等。杜威重视人与人的平等对话，认为这是每个人进行经验重构和社会协商的重要方式。

受杜威的影响，学习共同体的理念得到教育研究者和实践者的广泛认同，加拿大、美国、墨西哥、意大利、芬兰、日本、中国等多个国家都出现了各具特色的实践，许多教育流派都在进行共同体的研究。

在国内学者的推介下，日本教育家佐藤学的学习共同体理论已经影响到国内合作学习的研究和实践。

佐藤学提出，学习共同体的核心愿景是"保障每一位学生的学习权"。我认为，佐藤学的理论之所以在国内产生巨大共鸣，与他对学习共同体的这一定位有关，它直指东亚地区的教育传统和现状。我们的课堂之所以难以发生真正的变革，与缺乏平等保障学生学习权的意识有关。

根据学习共同体理论，为"保障每一位学生的学习权"，课堂里需要两个重要的支点：倾听与共情。理解这两个支点对于我们更好地理解对话式学习大有裨益。

什么是倾听？关于倾听，我们已经讨论过多次，这里我们再作一次探讨。

"听"在英文当中有两个词，一个是 hearing，听到；一个是 listening，聆听。这两个概念完全不同。所谓的 hearing，也就是听到，它指的是由于物理震颤影响到我们的耳膜震动，人的听觉系统收到了声响。而 listening 则不同，listening 是把你的注意力，也就是你的主观关切，投射到听觉上来，真正听到了声音。我们所谓的倾听，实际上是 listening，是一种积极的聆听。

从本质上说，积极的聆听是指听者与言说者保持应和，与对方同幅振动。这种同幅振动，既是身体的、内容的，也是情感的，所以积极的聆听过程，要求保持眼神的交流，保持身体的前倾，不要随意打断对方和切换话题，要始终保持对对方的尊重，始终保持对整个演说过程的关注。

当一个人处在积极聆听状态中的时候，看上去一点都不"积极"，好像很被动，其实很主动，倾听者在主动建构一个更为健康的对话氛围，这是为什么呢？

你想，如果你听得很专注，是不是对方受到了你的鼓励？这样的话，对方也就说得更多更好，作为听者你对信息的理解和占有也就越饱满，你对情况的掌握就越通透。另外，倾听是一种给予对方能量的状况，你的积极聆听，使对方感觉自己被尊重，因此说话时的心态会更好，两人之间的沟通氛围也会改善。

以上介绍了学习共同体的两大支柱之一"倾听"，接着再讲讲"共情"。

在众多的心理学家中，罗杰斯对于共情的理解被人们广泛接受。罗杰斯认为共情是一个过程，意味着进入他人的内心世界，对他人正在体验的感受以及内心的变化保持敏感，指出他人的体验可能具有的意义，在不妄加评价的基础上，通过对话核实自己对于他人的内心活动的判断，依据他人的回应帮助他人更充分地体验这些意义。

积极的聆听是不作判断不作比较的。而且还要努力与对方共情，因为只有共情，倾听者才能够进入对方的内心世界，真正理解对方的心意。

共情与同情不同。同情产生的情感多为道德性的，并不要求个体自身一定要体验到他人的情感；共情却不仅要求体验到他人的情感，还包含更多的理性成分，强调与他人产生联结的同时不能混淆自我和他人的观点，同时也更注重在理解基础上的陪伴。

比如，一个无助的人在宣泄痛苦，同情的表现可能仅仅是对他说"真糟糕啊，你真不走运"，而共情的表现则是走到他身边，陪伴他并且告诉他"我理解你的感受，你并不孤独"。

总之，共情要求学习者通过倾听深入体验对话者所处的情境，在体验的基础上进行观点采择，推断对话者的内心活动，通过理解式对话进一步核实他人的真实感受，把握他人情感和思维的实质。

在学习共同体的课堂里，教师要有意识地训练学生共情的能力，要引导学生积极主动地与小组成员进行互动、交流。比如，训练他们洞察他人言语表征和微表情的能力，以及从倾听中提取与概述信息的能力，以此养成了解他人的习惯，提高理解他人的能力。

教师还要引导学生学会在对话中保持对他人开放和对自身开放，学会欣赏他人，学会将固有成见、情感期望等因素悬置，以实现对他人的理解和对自我的超越与扩充，促进合作小组成为"交响乐般的共同体"。

学习共同体中的对话

《中国人民站起来了》学习单设计

上海师范大学附属外国语学校　郑艳红

第一课时

班级_____　　姓名_____

一、学习目标

（1）结合时代背景研读文本，初步了解文本内涵。

（2）通过思维导图的方式，梳理文本行文思路。

二、学习规则

（1）同桌两两轻声细语地交流，充分倾听、记录同伴观点，不打断对方，互相补充、质疑、澄清。

（2）重点问题四人轻声细语地讨论，轮流发表意见，互相尊重，以形成组内的共识性观点，或提出组内疑问。

（3）四人共同公共发表，其他人认真倾听、记录、整理，不打断他人。其他人陈述完后，可以补充、提出质疑或回答其他组的问题。

三、学习内容

1. 交流预习作业一

小组交流分享，向组员介绍与本文相关的时代背景，谈谈你在查阅资料过程中的发现。

学习要求：一人说，三人边听边记录。四人轮流说，重复的内容不要再说。四人都说完后，谈谈你在查阅资料过程中的发现。汇总记录，为全班公共分享作好准备。

2. 交流预习作业二

（1）小组分享行文思路思维导图，选出组内最好的一张思维导图，在全班展示交流。

（2）小组陈述推荐理由。

学习要求：如果小组选不出最好的思维导图，小组成员可以共同修改完善。

专家点评

郑艳红是探索学习共同体的全国知名教师，从她的课堂中我们可以看到佐藤学的学习共同体主张得到了很好的贯彻。

教学过程中，郑艳红老师两次安排了合作学习，第一次是小组四人"轮流说"，向组员介绍与本文相关的时代背景，谈谈自己在查阅资料过程中的发现。教师要求学生不得重复别人的内容，这样的对话属于本讲所介绍的"累积性对话"；第二次合作学习是小组内"分享行文思路思维导图"，而且要选出组内最好的一张思维导图在全班展示交流，属于"探究性对话"。

为了保证学习共同体所要求的平等对话，教师提出了三条合作学习规则，大家细读一下就会发现，学习共同体中的对话十分重视"倾听"和"共情"，"轻声细语"是一个基本特征。

在对话式的课堂中，教师应该放慢课堂节奏，让学习者更从容地聆听。为提高倾听的质量，教师要锻炼学生良好的倾听习惯，尤其是要教他们在倾听时"不比较""不判断"。因为倾听的时候，一旦对对方的言论作出判断和比较，便离开了倾听，你的"听"便无法达到专注了。

（点评专家：郑杰）

思考与练习　　1. 说说对话式学习与互助式学习的区别；说说课堂中争辩性对话、累积性对话、探究性对话的区别。

2. 用对话式学习策略设计一堂课。

3. 请阅读下文，谈谈体会。

　　佐藤学指出，学习共同体的核心愿景是保障每一位学生的学习权。他认为公立教育应该体现公共性（public philosophy）、民主性（democracy）和卓越性（excellence）的原则。所谓的"公共性"意味着杜威所说的"各种各样的人协同生存的方式"，意味着学校成为各种各样的人共同学习的公共空间；"民主性"意味着学校必须成为个性交响的场所。在这种学校里，学生、教师、校长、家长，每个人都是主角，每个人的学习权和尊严都应受到尊重，各种各样的思考方式与生活方式都受到尊重。所谓"卓越性"并不是指谁比谁更优越，而是指无论在何等困难的条件下，学生都能各尽所能地追求最高境界。

第8讲 | 互评式学习

学 习 目 标 > 1. 了解什么是学习评价；了解学生以合作方式参与课堂评价是如何促进学习的。

2. 掌握量化评价中使用互评式学习的策略，了解非竞争性和竞争性评价活动的操作步骤和要领；并能在教学设计中嵌入合作评价。

3. 了解质性评价的难点，掌握学生参与表现性评价的策略和方法，并能为课堂表现性活动设计表现性评价量规。

一、"对学习的评价"和"为学习的评价"有什么不同？

学生在课堂里的合作行为，除了互助和对话，互评也是常见的一种，为了更好地理解互评式学习，让我们从学生参与评价说起。

对于为什么要对学生作出学习评价，美国教育评价专家斯塔弗尔比姆（Stufflebeam）的观点很有代表性，他说："评价最重要的目的不是证明（prove），而是改进（improve）。"学习评价研究者斯蒂金斯（Stiggins）也指出，衡量评价的质量不仅要看它提供的关于学习的证据的质量，还得看它对学生未来学习的影响，"如果导致学生放弃学习，那么即使是最有效、最可靠的评价都不能被认为是高质量的评价"。

课堂教学中对学生的评价，其真正目的不在于对学习作出评价。对学习作出评价，其实只要告诉学生你学习的结果好不好，在班级里排第几名就行；而"为学习的评价"是指通过"对学习的评价"促进和改进学生的学习。

关于评价如何促进和改进学生的学习，1998年英国的布莱克和威廉的研究认为，促进学习的评价具有如下特征：

（1）贯穿在教与学的过程中。

（2）教师和学生共享课堂教学目标。

（3）致力于帮助学生了解和接收要达到的标准。

（4）囊括学生的自我评价。

（5）提供给学生反馈以帮助他们发现学习的下一步。

（6）相信学生能够成功。

（7）学生参与课堂评价、教师共同评价及反思评价信息等。

与单纯的"对学习的评价"相比，"为学习的评价"不仅要共同收集、分析学生学习的信息，在此基础上作出价值判断，更要为师生提供反馈，以使学生对自己的学习作出反思，从而有效达成学习目标。

这一讲我们主要研究互评式学习，互评式学习让学生参与到评价中，最大功效就是能使评价"促进和改进学习"。

研究者普遍认为，同伴互评是一个有效的交流、互动过程，是学生自我评价的一部分，其核心活动是同伴间相互给予反馈和接受反馈，是一个同伴互惠的过程。同伴互评增加了反馈的频次，实现了反馈的及时性和持续性。相对于传统课堂教学中的教师单主体反馈，学习同伴之间的反馈、学习者个体与学习小组的反馈、学习小组与学习小组的反馈、学习者的自我反馈等，往往更全面、更容易为学生所理解和接收，惠及的学生数量更多，有限时间内反馈的效率更高。大量研究表明，在帮助学生改善学习方面，延后反馈效果颇微，及时反馈作用巨大；针对个性化学习目标的反馈相比面向全班学生学习目标的反馈对学生改进学习更有帮助；而一次反馈往往不能达到良好的效果。

总之，学生以合作方式参与课堂评价，能充分利用评价信息，为学习者提供改进学习的策略和方法，从而促进了全体学生的学习。

二、互评式学习在量化评价中怎么做？

任何事物都具有量和质两个方面，对事物做评价也可以从量和质两方面进行。

在教学评价中，相应地也存在着量化评价和质性评价两种范式。平时说到的测验、考试，一般是指量化评价，而行为观察和记录、表现性评价、成长记录袋、情景测验等方法就是质性评价了。

到底哪种评价方式更好呢？这要看评价内容是什么。要是评价内容是认知方面的，特别是对基础知识和基本技能的掌握情况进行评价，适合使用量化方法；而衡量非认知类的学习内容或者对能力、素养等内容进行评价，那就要用到质性评价了。

下面我们先来谈谈量化评价以及学习者是如何参与量化评价的。

对学生的评价中，使用最为广泛的就是量化评价了，因为量化评价依据标准进行评价，评价的客观性强，准确而高效，也便于不同年龄层次的学生操作，以至于有人甚至认为"凡存在的东西必有数量，凡有数量的东西都可测量"。

目前看来，对于认知方面的学习，大部分的学习内容和目标都可以将评价结果转化为可以量化的数量。经过测量得到相关数据，并以量化统计方法来分析数据结果，最终可以对数据结果作出分析和判断，以达到评价目的。一些知识内容的掌握情况容易被量化评价，比如说，要想评价是否记住了十个单词，可以通过测试题考你一下，然后清楚地告诉你，你已经记住了十个中的几个；光合作用这个概念你是否理解了，这也容易做量化评价。记忆和理解都能量化评价，"迁移能力"的评价相对难一些，但也不是不可能量化。

只要一提到量化评价，就要说说测验，测验是量化方法中最常用的手段或工具。如果测验的有效性不够高，那么量化评价也就会出现问题。为了确保测验的有效性，以下都是要详加考虑的。

（1）选择测试题型。我们一般可以把测试方法分为是非题、匹配题、选择题、简答题（填充题）、论述题、小论文、反思与案例、项目报告、作品集等。

一般而言，按照排列顺序，越靠前越有利于事实性知识的测试，越往后越是便于考察学习者的能力。同时，评价时花费的时间越长，对评价者的专业要求也就越高。

（2）保证测验信度。信度是指测量数据的可靠程度。如果测试题太难或太容易，都会降低试卷的信度，所以要按课程标准的要求来出题；题目用语不标准、不准确也会降低试卷的信度。

（3）提高测验效度。效度即有效性，测量结果与要考察的内容越吻合，则效度越高；反之，则效度越低。一般建议采用双向细目表来保证内容效度。

（4）公开评价标准。课堂评价中存在"暗箱"现象，美国一项调查显示，14.7% 的学生反映课堂上教师几乎没有告知其评价学习表现的标准，30.2% 的学生反映教师很少分享评价学习表现的具体标准，21.1% 的学生表示教师偶尔分享评价标准。这就是说，分别有 14.7%、30.2%、21.2% 学生表示自己对课堂评价标准的理解几乎不、很少、偶尔能够达到与教师所提出评价学习表现的标准一致，即累计有 66.1% 的学生实际上无法在每节课都理解教师设计的学习评价标准。这些数据很值得我们深思。

以上我们已经知道，量化评价是最常见的评价方式，因为量化评价客观性强，准确而高效。但是，量化评价本身存在一些缺陷，如果操作不当，特别是对量化评价结果做简单化处理，比如用于排名、评优、评先之类的，容易忽略学习者的主体性、创造性和不可预测性，忽略了学习过程本身的价值。另外，量化评价对于评价人的能力、素养、情感等高级心理过程作用也非常有限。

因为量化评价简便易行的特点，所以特别适合让学生参与进来。下面介绍两类用于量化评价的互评式学习策略：非竞争性互评活动和竞争性互评活动。

一想到评价，人们就会不由自主地想到竞争。其实，为促进学生学习，并不是所有的评价活动都带有竞争性。尤其是学生参与的"过程评价"中，更是以非竞争性活动为主。

接下来，我们就来研究一下非竞争性的互评式学习策略。主要介绍记记法、合作测试法、组际评价法。

非竞争性互评 1：记记法

1. 实施步骤

（1）组成 4~6 人组。

（2）桌面上摆放题卡，题卡正面是问题，背面是答案。

（3）一名成员向其他成员出示卡片正面的问题，其他成员抢答。

（4）轮换角色，其他成员依次分别向其他成员出示卡片正面的问题，其他成员抢答。

2. 操作要领

（1）每张题卡上只能有一道题，答案应是唯一的。

（2）答题人对某一问题只可以答一次。

（3）题卡上的问题可以由教师提供，也可以由学生自主设定。

（4）一般安排抢答活动，也可以使用指定答题人的方式进行。

另外，如果要加深学生对知识的理解并严格掌握评价标准，可以先让学生自评，然后再使用"记记法"进行互评。这么做的好处是，事先进行自我评价，有助于更好地理解评价内容和具体要求，便于在后续活动中评价和指导他人。

非竞争性互评 2：合作测试法

合作测试法的实施步骤与练习法基本相同，所不同的是，合作测试法允许小组成员先对测试题目展开讨论，然后根据讨论情况再进行互评，或在给定的时间里独自答卷。

合作测试法的操作关键在于不能简单地宣布答案，不能只是要求小组成员记住答案，然后复述答案或照抄答案。合作测试法的目的是让学生对问题展开分析，小组成员之间无需竞争和比赛，大家都可以发表自己对测试题的认识。

因为这种互评式学习策略不允许任何人成为权威，所以测试题最好是开放性问题，要求答案带有一定的发散性和创新性。

建议在合作测试活动前，帮助学生理解课堂学习目标。课堂学习目标是课堂评价的参照，从某种意义上说，没有学习目标就没有真正的学习评价。学生清楚地知道学习目标，才能掌握评价标准，准确知道自己和同伴当下的学习表现与学习目标的差距，也才能给出正确的反馈，并有针对性地改善学习。

非竞争性互评 3：组际评价法

1. 实施步骤

（1）由一名学生向外组的任一学生提问。

（2）被点到的学生代表本组回答提问。

（3）发问的学生对回答作出反馈和评价。

（4）回答问题的学生向外组的任一学生提问。

（5）重复（2）至（4）的步骤直到教师宣布结束。

2. 操作要领

（1）回答问题的学生应注意倾听，不应重复之前学生已经回答过的内容。

（2）回答问题的学生与提问的学生应两两面对，形成课堂对话。

（3）回答问题的学生应主动寻求提问学生的反馈。

（4）教师应事先给出反馈与评价的内容，以使反馈评价更为有效。

以上这三种互评式策略用于非竞争性评价活动中，建议大家经常使用。下面介绍带有一定竞争性的评价活动。

合作学习要求学生形成积极的互赖关系，但这种关系并非分组后自然形成的，而是师生长期经营和建设的结果。为促进小组成员之间形成"荣辱与共"的关系，教师有时候可以有意安排一些组际之间的竞争性活动，使小组成员共同面对外部的竞争压力。

以下介绍四种带有一定竞争性的互评学习策略：小组成果共享法，学习小组成绩分阵法、组际批阅法、接力赛评价法。

竞争性互评 1：小组成果共享法

小组成果共享法是一种以全组表现为基础的评价方法，通常会有以下两种通用策略，一种是随机抽取一名组员进行评价，其得分代表小组分；另一种是合作完成一项任务，对这项任务的成果进行评估，得分就作为每个组员的得分。

先介绍第一种策略：随机抽取。主要实施步骤是：

（1）全组成员通过互助方式完成某一学习任务，确保全体成员都能理解所学内容。

（2）所有成员独立完成测试。

（3）教师从小组内随机挑选一份试卷进行评分。

（4）公布小组得分，小组得分即为随机批阅所得的分数，举个例子，小组内抽到王小明的试卷，得分 70，那么王小明所在的小组分即为 70 分。

（5）表彰班级中得分最高的小组。

以上这种策略实际上就是"捆绑式"评价，目的是借助外部竞争对手的压力，促进本组的合作。小组成果分享法的高明之处在于，改进了传统捆绑评价的计分方法。它并没有把每个小组成员的成绩简单相加，得出小组总分或者取其平均分，而是只选取一名成员的成绩作为小组分。为什么这么做？因为捆绑的话，小组内成绩差的成员往往因为拖了群体的后腿而会被群体排斥，成为不受欢迎的人，时间长了，差的学生将游离于小组学习之外，这显然违背了捆绑评价的初衷。

除了以上介绍的计分方法，在实践中有不少很不错的计分方法被创造出来用于促进组内互助行为，比如：

（1）个人的最终成绩等于个人成绩加上全组都达到标准时的奖励分。只要有一名小组成员未达标，优秀的学生也就拿不到奖励分，从而影响他的最终得分。

（2）个人的最终成绩等于个人成绩加上组内最低分所获得的奖励分。组内最低分如果达到和超过班级平均分，则能获得奖励分。

（3）个人的最终成绩等于个人成绩加上小组平均成绩。

（4）个人的最终成绩等于个人成绩加上组内各成员因进步而获得的奖励分。只要一名学生进步，就可以得到奖励分。

（5）个人成绩等于组内最低分。全组每一成员成绩都是一样的。

以上介绍了小组成果分享法的一种策略：随机抽取。下面再介绍另一种策略：共同学习成果。主要实施步骤如下：

（1）小组共同完成一项成果，如一份报告、一篇文章或一页练习。例如，在一次期中考试中，数学教师要求学生小组共同创作一个游戏，这个游戏用于复习数学中的分数问题，最后的成果是每组交一份书面的游戏设计，设计上要求写上成员姓名、游戏内容、游戏规则及评分标准。

（2）由教师或全班学生来评估这一成果，小组全体成员都获得同一个分数。

（3）公布小组分，并对得分高的小组进行奖励。

这种策略一般在小组协作活动之后进行，我们将在第九讲继续研究。

以上介绍了共同学习成果分享策略，这是一种以全组表现为基础的评估策略，有人会问，这么评价公平吗？对此约翰逊兄弟对实施成果分享的小组进行调查，结果却大大出乎人们的意料：在学生参加合作学习之前，大家认为小组成员共享一个分数是不公平的，但是一旦运用该评估方法一段时间以后，他们大多认为该评估是最公平的。

虽然实验证明了以全组表现为基础的课堂评价起到了积极的作用，但是接受调查的很多教师都认为，如果在进行评价之前没有采取一些必要的准备措施，也就无法保证评价的有效性。这些事先的措施大致可归纳为：

（1）测验题难度较高，需要多人协同参与。

（2）教师和学生均有较为成熟的实施合作学习的经验。

（3）把责任到人和积极互赖等基本要素纳入小组活动。"责任到人"激励每个人作出自己应有的贡献，"积极互赖"可以促使组员之间互相帮助，又能避免某个学生操控小组。

（4）帮助学生学会交流思想，教给学生解决冲突的策略。

（5）教师应使学生清楚评估的标准，并确保评估标准始终如一。

竞争性互评2：学习小组成绩分阵法

学生小组成绩分阵法由合作学习研究者斯莱文教授创设，实施步骤如下：

（1）全班教学。教师面向全班进行教学，这一阶段中，教师的任务是讲解新的学习内容，激发学生开展下一阶段小组学习的兴趣。

（2）小组学习。学生以合作学习小组为单位开展学习，并作好测验的准备。教师发给各小组有限的学习资源，一般为两份（练习单和答案单），要求各小组通过相互讨论、提问、检查的方式掌握这些材料。在小组学习中，小组成员的主要任务就是掌握教师在课堂上所讲过的内容，并帮助同伴也掌握这些内容。在这一阶段，学生在小组学习时积极地进行互教活动，相互解释所学的内容。

（3）独立测验。在小组学习之后，要对学生进行独立小测验，主要目的就是测验学生对所学内容的掌握情况。这一阶段不再允许学生之间的互助活动，每位小组成员必须独立完成测验。测验完成后，由教师进行批阅，或者由不同小组交换批阅。

（4）小组认可。教师采用一定的统计方法，计算每个学生在自己过去分数（基线分）的基础上所得到的个人提高分，然后将小组成员的个人提高分相加构成小组总分，再除以小组成员数，就得出了每个小组的得分。最后，对成绩优异的小组进行认可，给予一定形式的小组奖励。

与小组成绩分阵法类似的是小组游戏竞赛法，也是由斯莱文教授设计研发的，小组游戏竞赛法运用了与学习小组成绩分阵法一样的教师讲授和小组活动，但是不同的是小组游戏竞赛法以每周一次的竞赛代替了测验。小组游戏竞赛法要求教师根据学生的学习情况不断调整对手，让分数接近的学生组成小组进行竞赛。这样做的最大好处是，同样水平的学生在一起竞赛，使所有学生都拥有大体均等的成功机会。

在对合作学习进行大量研究的基础上，斯莱文指出，小组间适度竞争产生了"小组相倚性"，具备了小组相倚性，小组成员们都会希望他们同组的伙伴做得更好些。

竞争性互评 3：组际批阅法

1. 实施步骤

（1）各小组派出一名成员到其他小组。

（2）按标准答案的内容对答题纸上的回答进行批阅。

（3）反馈批阅结果，回复对方的疑问。

（4）将分数誊写在分数公示栏。

2. 操作要领

（1）批阅时，批阅者应低声诵读答题纸的答案。

（2）回复被批阅小组成员们的疑问，直到对方信服。

（3）如有批阅错误，批阅者应向对方表示歉意。

（4）批阅者和被批阅小组有较大分歧时，由教师作出仲裁。

（5）反馈时，不能简单地把结论告诉对方，而要提供学习建议，并且将正确的思维过程展示给同伴。

竞争性互评 4：接力赛评价法

1. 实施步骤

（1）组成 3~4 人组。

（2）指定每个小组使用同一种颜色的十个问题卡片。卡片放在教师的办公桌上，把问题一放在最上面。

（3）为每个小组提供资料——参考书、讲义等。

（4）每组指派一个"奔跑者"。"奔跑者"跑到前面，抓住他们小组的第一个问题，把问题带回小组。然后小组一起从资料中找到答案，"抄写员"将小组的答案写在答题纸上。当他们认为他们得出正确的答案时，一个新的"奔跑者"把他们的答案送到教师面前，教师进行检查以确保它是正确的。

（5）如果他们的答案是正确的，这个"奔跑者"从他们的卡片中拿出第二张问题卡片，然后返回小组寻找答案。如果他们的答案不正确，教师会让他们回去再试一次。当"奔跑者"在老师的桌子旁时，其成员阅读参考资料准备下一个问题。

（6）率先回答完所有十个问题的小组赢得奖品。

（7）教师把标准答案提供给各小组，供其修改本组答案。

2. 操作要领

（1）每组拥有十张预先写好问题的卡片，每组卡片颜色不同。

（2）最开始的几个问题要简单，以使活动顺利开展。

（3）确保学生有跑向讲台的明确路线，防止绊倒或跌倒。

以上给大家介绍了量化评价中的四种带有一定竞争性的互评活动，最后再补充一点，就是在互评活动中要创造机会来让学生自主命题。

评价是通过搜集证据来对学习作出价值判断的，教师应引导学生了解评价方法的基本知识，使他们知道如何运用评价方法来收集是否学会了的证据。所以，有必要教学生如何出题，一些简单的题，如是非判断、选择题、填充题、简答题都可以尝试让学生出。

英国教育评价专家斯蒂金斯（Stiggins）教授认为，要让学生完全参与到课堂评价中来。他认为，只有开放评价的过程，才能让学生完全地参与进来，课堂评价也才能最大限度地发挥它的效用。他还说，实际上，对学生的成功促进最大的教学决策，并不是由成人们制定的。导致学生在学业上成功或失败的最有效的决策，是由学生自己制定的。学生应该自己决定自己在学习中经历的风险和付出的努力是否值得。而他们这些决定都建立在他们对自己的学业水平的认识基础上。

厄尔（Earl.L）在 2003 年提出了"作为学习的评价"（assessment as learning）

的理念，进一步强调了学生是学习和评价之间的关键连接者。这一评价理念明确了学生积极主动参与到评价过程中的重要性，提出学生在评价活动中可以做得更多，他们：

· 参加测验，得分。
· 在教师的要求下提出改进测验的建议。
· 建议可能的评价方法。
· 实际制定评价方案。
· 帮助教师修订评分规则。
· 创建自己的评分规则。
· 应用评分规则来评估自己的表现。
· 理解评价和评估是怎样影响他们自己的学业成就的。
· 理解他们自己的自我评价与教师的评价以及他们自己的学业成就之间的关系。

三、互评式学习在质性评价中怎么做？

我们对质性评价应该都不陌生，班主任给学生写品德评语，那就是在做质性评价。也有专家将质性评价称为替代性评价（alternative assessment），意思是说要用质性评价来替代纸笔测验之类的量化测试，这种替代性的评价方式强调对学生行为表现进行直接的观察和评判。

与量化评价不同，质性评价一般运用在对非认知方面的学习内容的评价中，更多的质性评价被用于对能力和素养的综合评价中，而在对记忆、规则、概念、原理及理论等学习类型的评价中，质性评价并没有什么优势。

在终结性评价和形成性评价中，使用的评价方式也会不同。一般来说，终结性评价关注学习事件的结束，以确定预期目标是否已经实现，在评价过程中学生是被评价者的角色，进行终结性评价时多采用量化评价的方法；而在形成性评价中，评价发生在学生学习活动的过程中，它注重通过提供丰富而详细的定性反馈信息来促进学生的学习，因而多采用质性评价方法，而不仅仅是在学习过程中提供一个定量的分数。

相对来说，学生的互评主要应用在终结性评价中，多采用评分这类量化评价方式，这主要是因为量化评价更符合"基于标准"的评价要求。在课堂中使用，尤其是在教学中的反思阶段使用，比较简便，操作性强，效度也比较高。学习过程中的质性评价主观性强，标准不易把握，费时费力，评价结果的甄别、区分功能较弱，即使教师采用质性评价方法，也需要专业方面的训练，如果让学生来操作的话，很容易变成"胡乱评价""随意评价"。

质性评价的方法很多，其中最常用的方法是表现性评价和档案袋评价，课堂教学中会更多地用到表现性评价。下面简要介绍一下表现性评价（performance assessment）。

表现性评价是 20 世纪 90 年代在美国兴起的一种评价方式，主要通过让学生完成某一实际任务来评价学生的学业状况。不少研究者把表现性评价称为真实性评价（authentic assessment），那是因为表现性评价所涉及的表现性任务必须接近"真实"生活，要么是真实生活中发生的问题，要么是模拟真实生活。为什么表现性评价必须在"真实"场景中？道理很简单，因为一个人的综合能力、情感、素养等，只有在具体而真实的场景中才能被真实地观察到。

刚才我们已经了解，以表现性评价为主的质性评价操作起来并不容易，即便是教师，有时候也会对此望而生畏。之前的学习中我们已经知道，"为学习的评价"其要害就在于要促使学习者反思自己的学习。因而，衡量同伴互评的质量和可靠性，一般要依据学生给出的评价反馈是否能够方便同伴采纳或易于理解，并根据评价者的建议完善自己的学习。要达到这样的效果，主要面临三个问题，一是合作文化问题，二是能力问题，三是公正性问题。

其一是合作文化问题。学生互评是一项潜在有益但十分复杂的学习活动，更有可能受到各种社会、历史和文化因素的影响。研究发现，面对面的评价和反馈，如果缺乏非常明确的量化标准，学生会倾向于使用比较平和的字眼，以避免产生人际冲突，学生的评分可能会比教师给出的分数更高。研究还发现，在面对面的课堂环境中，学生感到不舒服，在公开评估他们的同龄人时可能会感到压力。

一些学生不愿评价同伴的学习或在评价他人时感到不安，且评估质量很容易受到友谊、欺骗或自卑的影响，许多学生对自己评价同伴学习的能力缺乏信心。

华东师范大学的钟启泉教授在谈及课堂评价改革时提到了日本的一些很好的做法：日本教师在课堂教学中将错误视为改进学习的良好资源，对发现错误、暴露自身学习错误并共享的同学进行褒扬，进而鼓励学生思考错误的原因，找寻改进的策略。学生们不再害怕在众人面前暴露学习上暂时的不足，相反，他们非常乐意参与课堂互动，并在共享与思考中获得进步。

如果缺乏友善的课堂文化支撑，就不会有高质量的质性评价的互评活动。

其二是能力问题。评价是需要能力的，质性评价更是如此。任何评价都需要正确理解和掌握标准，而且还要能运用相应的评价方法。学生是否具备这些能力呢？我看过一些合作学习的课，在学生展示完之后总有学生互评的环节，结果互评基本上千篇一律地说"声音响亮""站姿端正""条理清楚"之类，根本就是浪费时间。

其三是公正性问题。学生即使掌握了评价标准和评价方法，可是诚信度可能并不高。统计发现，许多学生对同伴评分的公平性持否定态度，部分学生质疑自己是否拥有提供有效反馈能力的同时，也对同伴的评估能力缺乏信心，他们可能不会采纳同伴的反馈，因为他们认为同伴的反馈不如"知识权威"（如教师）提供的反馈有效。如果组与组之间存在竞争关系，那么他们难免会在评价中放松对本组的标准而严苛地对待他组，这显然影响到评价的公正性。

一个有意思的现象是，同伴互评的各种好处在教师和研究人员中是公认的，但在学生中却不是。学生不太愿意花额外的时间来评估他们的同伴的学习，这很有可能是因为彼此间缺乏信任。

通过以上学习，我们知道了在互评式学习中，让学生参与质性评价难度较大，主要是对合作文化、评价者的能力和评价公正性的要求颇高。因此，教师若将这种评价方式运用在学生互评中，会有很多工作要做。

这里提供一些学生参与表现性评价的策略。

表现性评价过程主要包括三个阶段：评价的准备阶段、评价的实施阶段、评价的反馈阶段。在准备阶段，主要就"为什么评价""谁来评价"和"评价什么"等问题作充分准备；评价的实施阶段，是评价活动的中心环节，主要任务是运用评价方法和技术，作出价值判断；评价的处理与反馈阶段，要对评价结果进行分析处理和反馈。

准备阶段

准备阶段是互评活动开展的第一个阶段，教师要安排一系列同伴互评的组织策略，这些策略往往会影响学生对同伴互评的认知、同伴互评的质量和有效性。教师的组织方式策略包括：单向、双向和多向；在线、面对面；评价标准问题。

（1）单向、双向和多向。

单向互评是指学生在互评的过程中只担任一种角色，教师指定一部分学生担任评价者，而其他学生是被评价者，被评价者和评价者不能进行交流。

双向互评是指学生在互评过程中既是评价者又是被评价者，但是只能评价指定的学生。双向互评要根据学生的年级水平或评价能力等具体因素对学生进行分组或配对，学生和评价者是可以进行交流的。

多向互评是指学生在双向互评的基础上选择自己的评价对象。研究认为，表现性评价应更多地采用多向互评来开展活动，一般不超过七人。

（2）在线、面对面。

学生可以通过书面、口头、视频、音频或其他多媒体形式，为同伴提供评价与反馈。一般在中小学课堂上是以面对面的评价为主，对于学生的作文或者以项目为主的研究性活动，也可使用线上评价作为补充。

（3）评价标准问题。

凡评价就要有评价标准，在表现性评价中，就要制定评价量规。比如说，要评价一次表现性活动中同伴的"分析"能力，教师制定的量规可以是：

0分。完全错误或离题。

1分。几乎没有作出回答；虽然作出了回答，但是答非所问，并未真正理解题意。

2分。几乎没有分析的证据；很少或几乎没有理解回答问题需要什么样的思维过程；回答可能是笼统含糊的、照搬照抄的，或者看起来是死记硬背的而不是思考的结果。

3分。一定程度上理解了回答问题需要什么样的思维过程，但是包含了不正确或部分正确的答案或者解决方案；回答可能是不合逻辑的。

4分。从回答中能看出基本上理解了教材，运用了合理的思维过程，得出了满意的、合乎逻辑的答案。

5分。从回答中能看出达到了思维过程所要求的理解的复杂性和深刻性；清晰地表达了所要求的思维，如说出了思维的过程，解释了要解决什么样的问题，或超越了问题本身所提出的要求。

为使学生更好地理解和掌握评价标准，教师要尽量创造条件让学生参与到标准的制定过程中来。

实施阶段

评价的实施阶段是评价的中心环节，也是课堂管理的中心环节。与其他合作学习方式一样，要做好流程设计，为学生准备好合适的合作学习策略，并对合作技能提出要求。比如说，在"情境表演"这一表现性活动中，可以实施如下操作步骤：

（1）小组准备活动：确定问题，明确情境，编创脚本，解释角色要求。

（2）挑选扮演者：分析角色特征，选择角色扮演者。

（3）安排场景：确定表演程序，重述角色，进入表演情境。

（4）组织观众：给充当观众的小组分配观察和评价任务。可以在知识理解和应用、投入度、协作能力、思维能力和创新性等方面进行观察和评价。

（5）上台表演。

（6）讨论和评价：各小组根据事先设计的量规，就所观察到的行为表现，对表演作出评价和反馈。

（7）重新表演：表演修改过的角色。

（8）讨论和评价：各观察小组就二次表演中的行为表现，提出下一步或行为转变的建议。

（9）分享经验和总结：承担表演任务的小组分享表演经验，并将表演情境与现实经验或当前问题联系起来。

反馈阶段

反馈阶段是对互评结果进行分析处理与反馈的阶段。它是同伴间开展表现性评价的最后一个阶段，也是十分重要的一个阶段。大家回顾一下"为学习的评价"这一节的内容，可知反馈的重要性。表现性评价中的高质量反馈，要求评价者不仅告诉被评价者是否正确地完成了任务，还要告诉他们为什么以及他们应该做什么来改进他们的工作。

为提高反馈的质量，教师要对学生进行必要的培训，只有接受过同伴互评培训，学生才会掌握详细的、精准的互评技巧，才能给出具体的、有意义的和有帮助的评语。教师一定要告诉学生"什么才是高质量的反馈"。

反馈有五个层次水平，依次一级比一级水平高：宣布得分；简单的评语；确定其优缺点；确定需要改进的地方；提出进一步的建议。从理论上说，"提出进一步的改进建议"是最高水平的反馈，但是，在执行时要考虑学生的实际能力和课堂中的具体场景，比如时间是否允许以及反馈的必要性。

因为合作学习特别注重互动性和合作性，所以教师应引导学生在小组互评时能进一步讨论以下与合作学习相关的内容：

第一，总结一下本组在互评方面做得好的方面。比如，我们是否按规定的合作流程完成了互评任务？我们有没有超时？我们按时完成互评讨论任务后有没有安静地坐端正？我们在小组互评时有没有发出噪音？有没有干扰到其他组的学习？我们每位同学对于合作技能的要求是否都做到了？有没有注意倾听？有没有主动为其他同学提供帮助？我们每个人在互评中是不是都依照量规给予公平公正的评价？汇报员的汇报展示有没有真实呈现本组的学习成果？哪位（哪几位）同学的表现需要特别表扬，表扬的理由是什么？

第二，分析存在的问题及相关的原因。要鼓励学生正视本组在互评中出现的问题，并分析导致问题的可能原因，还要提出下一步的改进建议。

第三，明确发展的方向和目标。在总结经验和分析问题的基础上，小组全体成员共同制定出本组今后的改进方案，明确在今后的小组活动中应当达到的目标，以及如何达到目标。

我认为，表现性评价在操作上难度很大，所以每次在反馈阶段都要给学生留足小组自评的时间，这是为了帮助学生静下心来反思自己在评价过程中的行为表现。小组自评也可以被认为是一个重要的反馈机制，学生的课堂合作行为只有通过及时的和高质量的反馈才能得以强化。

教 学 设 计

互评式学习在教学中的应用

《新型玻璃》的教学设计

温州市石坦巷小学　朱也妮

一、教学目标

（1）通过"小组游戏竞赛法"，复习巩固上节课学过的生字词以及课文内容。

（2）通过"坐庄法"学习课文中所使用的说明方法，以及它们的好处，并通过"组际评价法"进行巩固。

（3）发挥想象，使用"坐庄法"讨论用说明方法设计一种新型玻璃，并在展示交流中加深对说明方法的理解。

二、教学准备

（1）希沃授课助手 App 和班级优化大师 App。

（2）制作填写小组立牌。

（3）课前分组，明确分工：组长、记录员、统计员和汇报员。

（4）课前公布竞赛桌分组名单。

（5）课前辅导学生使用小组游戏竞赛法、组际评价法、坐庄法。

三、教学过程

学习活动一：游戏竞赛，复习巩固

师：同学们，上节课我们已经学习了《新型玻璃》这一课的生字词，梳理了课文内容，知道了课文介绍了哪五种新型玻璃以及他们的特点和作用，接下来看看我们到底掌握得如何，下面进行本课的第一次合作活动——小组游戏竞赛。

（一）合作提示

合作之前我们先来看看合作提示：

写	完成"三色问题单"。
答	依序读题、答题。
疑	对组员答案质疑。
算	校对答案，算分。

三色问题单说明：多音字辨析一类用红色，看拼音写词语一类用黄色，课文内容选择一类用蓝色。每人三张不同颜色的问题单，随机抽取。

（二）加分

时间到，学生从竞赛桌回到本小组，统计员口头统计总分，进行加分。（游戏竞赛达人组分数）

10 分以上加 3 分，5~10 加 2 分，5 分以下加 1 分。（使用班级优化大师小组加分）

学习活动二：使用"坐庄法"学习说明方法；使用"组际评价法"巩固知识

（一）借树状图，回顾课文

师：（打开树状图）上节课我们借助树状图梳理了五种新型玻璃的特点和作

用，一起再来复习下。

（二）使用"坐庄法"合作，学习说明文的写法

1. 使用"坐庄法"合作，回顾说明文写法的类别

师：那作者是如何将它们的特点和作用加以准确具体地说明的呢？

接下来进行本课的第二次合作学习，一起来看合作提示：

选	选择一种最感兴趣的玻璃。
找	找出所使用的说明方法，画出例句。
读	大声读一读例句。
说	说说这种说明方法的好处。

组　别	玻璃名	说明方法	例句（画在书上）

（使用班级优化大师随机抽取小组。）

2. 小组展示，了解写法的好处

组员汇报：

1 号：我们组选择的是……玻璃。

2 号：描写这种玻璃运用了……的说明方法。

3 号：运用这种说明方法的句子是……

4 号：我们讨论认为，这样写的好处是……

师：还有小组是讲这款玻璃的吗？有没有补充？那接下来我们继续看看其他玻璃，哪组先来？

打比方	使对象生动形象，增强趣味性。
举例子	使说明对象具体形象，便于理解。
列数字	使说明准确无误，令人信服。

重点教学"举例子"这一说明方法。齐读、男女生混读课文，通过朗读感受它的好处。

师：加分时刻到，请刚刚进行汇报的小组统计员起立。

（三）使用"组际评价法"，巩固知识

出示评价提示：

（1）回答正确时：

①你的回答完全正确，为你点赞……

②你的回答正确，从你的回答中我知道了你对……的掌握非常牢固。

（2）回答有误时：

①我想对你的回答进行补充……

②你没有听清我的问题，你没有针对我的问题进行回答，我认为，正确答案应该是……

师：第一个提问的机会谁想要？

A 任选其他组任一同学 B 提问。

A：我想提问某组某某同学。

B：请提问。

A：请问……

B：回答……

A：你的回答正确 / 有误，我认为……

B 接着提问其他组任一同学（接龙三个）。

学习活动三：拓展提升，运用写法

（一）玻璃峰会，合作设计

师：同学们，最近国际交流越来越便捷，国际合作越来越紧密，瞧，第一届玻璃峰会就在我们班召开了，你们每个人都是受邀出席的贵宾，请同学们发挥想象，小组合作设计一种新型玻璃。在汇报员展示之后，我们马上来答记者问，一起来看看评价提示。（板书思维导图，画出新的分支。）

合作内容	评　价
1. 讨论玻璃名称、特点和作用。	1. 特点和作用突出。
2. 选择恰当的说明方法，每人写一句话。	2. 说明方法使用恰当。
3. 组长坐庄，整合成一段话。	3. 设计有创意且合理。
4. 汇报设计成果。	

（二）汇报展示，答记者问

师：请已经完成合作任务的小组派代表将自己的玻璃名牌展示到黑板上。

合作效率高的小组将获得玻璃峰会第一个展示机会。汇报员上台汇报："我代表第几小组发言，我们这组设计的玻璃是……，欢迎各位记者就我们设计的……开始提问。"

选取两组展示。展示完答记者问。

（三）点赞他人，推选最佳

师：请每组商量好你们要支持的小组，每组一票，赞赏他人。请组长将你们的点赞大拇指贴在对应的玻璃名牌上。

加分时间到，用班级优化大师为合作创意达人小组加分。几个大拇指加几分。

（四）活动总结，竞赛反馈

师：同学们，通过组际竞赛，本课的"合作创意达人"小组就是……，让我们用热烈的掌声请他们上台！

师：这节课，每位同学通过自主学习和小组合作，学习了课文通过三种说明方法介绍新型玻璃的特点和作用，并且运用这些方法创造和设计了其他新型玻璃。你们真是能干的合作学习小主人！为自己鼓鼓掌！期待下次合作，下课！

专 家 点 评

教师在一堂课中四次使用合作学习策略，这是一堂地地道道的合作学习课。

之所以这么说是因为一些号称合作学习的课，实际上课堂合作时间也就只有三五分钟，而这堂课的合作学习时间占整堂课的一半时间。下面我主要点评以下几点。

第一，合作学习策略与教学过程结合得很好，"小组游戏竞赛法"用于课堂的预备暖场；"坐庄法"用于知识输入；"组际评价法"用于对知识的加工；而表现性活动"玻璃峰会"和记者采访，这是输出阶段的情境类活动。教学过程的设计体现了"从扶到放"的良苦用心。

第二，三次使用互评式学习策略，第一次是竞争性活动"小组游戏竞赛法"；第二次是非竞争性的"组际评价法"，属于量化评价的策略，因为有标准答案，所以用得很好，很能活跃课堂气氛；第三次是表现性活动之后评选"合作创意达人"，属于质性评价。这三次互评式活动促进了学生的学习。

第三，教师评价贯穿在教学始终，评价有标准，也有反馈，特别是"评价提示"的运用，推高了学生互评的质量。

（点评专家：郑杰）

思考与练习 ＞ 1. 说说学生以合作方式参与课堂评价是如何促进和改变学习的。

2. 比较量化评价和质性评价、非竞争性和竞争性评价活动的异同点。

3. 在教学中各设计一个非竞争性评价活动和竞争性评价活动。

4. 为你的课堂表现性活动设计一个表现性评价量规，这一量规应能在学生互评式学习中使用。

第9讲 | 协作式学习

学习目标 > 1. 了解什么是协作式学习；能说出协作式学习与深度学习
的关系；能说出协作式学习在培养学生合作解决问题能
力方面的作用。

2. 掌握驱动性问题的设计方法，能在教学设计中设计出驱
动性问题。

3. 掌握协作式学习活动的设计要领，尝试使用本讲推荐的
五种策略设计一次协作式活动。

4. 掌握协作式学习活动的三种社会性支架，并能运用所学
的方法为协作式学习活动提供支架。

一、什么是协作式学习？

前面我们已经学习了合作学习策略中的互助式学习、对话式学习和互评式
学习，接下来我们来探讨最后一种协作式学习。

什么是协作式学习？那肯定是要有"协作"的，学习者组成小组，为完成
某项任务进行分工合作，通过协同一致的行动来达到学习目标，这就是协作式
学习了。

与互助和互评式学习不同，在协作式学习中，学习者之间只有分工不同，
没有高下之分；与对话式学习不同，协作式学习中会有对话，但协作需要共同

完成某项特定任务，不仅要分享各自的观点，更需要指向行动，因此，协作也是最高级的合作学习方式。

在合作学习策略中，如果说互助式学习最"古老"的话，协作式学习是最年轻、最时髦的，也是最有未来的。协作式学习与合作学习到底是什么关系呢？

合作学习理论形成于 20 世纪 60 年代，当时还没有区分合作学习与协作学习。直到 20 世纪 80 年代末，信息技术在更大范围内将更多的人连接在一起，人类在分工基础上的协作活动大大增加了。在教育领域，由于计算机技术的引入，合作学习与协作学习也开始出现分化。教育技术领域的学者惯于用"协作学习"，而课程论领域的学者则更惯于用"合作学习"。到了 21 世纪，两者又开始交叉发展，出现三种不同的观点：合作学习包含协作学习；协作学习包含合作学习；两者既有共同点也有各自不同的特点，属于交叉关系。

我认为，要理解协作式学习主要抓两点：一是重心，合作学习的研究重心是个体在小组中的作用，而协作式学习的研究重心在小组整体上；二是更强调小组分工合作，使得小组的业绩大于个体总和。

为什么协作式学习虽然年轻却很有未来？主要是因为协作学习与深度学习的关系更为紧密，或者说，只要有深度学习，就必有协作学习。

下面来谈谈深度学习。

深度学习的概念最早源自人工神经网络的研究，最开始，计算机领域的专家显然比教育专家们更关注对深度学习的研究。教育领域开始注意到深度学习，最早可以追溯到 20 世纪 50 年代，布鲁姆在《教育目标分类学》中对认知维度层次的划分就体现了"学习有深浅之分"这一思想。随着深度学习理论的进一步研究和发展，教育领域越来越认识到深度学习的价值。

什么是深度学习？

深度学习意味着学习者为了理解及应用知识而主动地学习，深度学习主要表现为对知识的批判性理解及深度加工，且强调和先前的知识、经验的连接。

按照我国学者何玲和黎加厚（2005）的说法，深度学习是指在理解的基础上，学习者能够批判地学习新思想和事实，并将它们融入到原有的认知结构中，能够在众多思想间找到联系，并能够将已有的知识迁移到新的情境中，作出决策和解决问题的学习。

总结下来，与浅层学习相比，深度学习呈现出以下三个特征，简单地概括就是所谓的"三高"。

（1）高认知。深度学习强调理解性的学习。深度学习是一种有意义的理解性学习，学习者运用高阶思维能力对复杂知识和信息进行深加工，超越知识的简单复制和描述。美国学者季清华2014年提出了著名的"ICAP学习方式分类学"，这一理论将学习方式分为被动学习、主动学习、建构学习和交互学习四类，学习深度渐次加深，而学习效果也依次增强，这四类学习方式体现了学习者内在的认知过程由简单到复杂、由低级到高级。

（2）高投入。深度学习强调行为和情感的高投入。学习者在已有知识结构的基础上建构新知识，需要积极主动地在新旧知识间建立联结，以促进对新知识的理解和对旧知识的巩固，使其存储在长时记忆中。为此，学习者要高度投入学习，要在行为和情感上达到"忘我"的程度。

（3）高产出。深度学习注重知识的"远迁移"，强调让学习发生在真实情境中，学习者以问题为导向，在解决真实问题的过程中，更有效地获取、加工知识，进而能更灵活地运用知识。

基于以上特点，深度学习的研究专家们一般都支持如下主张：

（1）提高学习者认知领域的能力。深度学习主张将批判性思维能力作为重要的培养目标，并且是深度学习的主要培养目标。为此，要通过开展基于项目的学习、差异化教学和个性化教学、引导学习者进行深度反思等方式，来培养学习者的批判思维能力。

（2）提高学习者人际领域的能力。研究者们在对浅层学习和深度学习进行对比分析之后，提出同伴间的交流互动是培养深度学习能力的关键。积极的互动能激发学习者的内部学习动机，提高自我效能感、群体认同感和凝聚力，促进学习者行为与情感的高投入。于是，团队成员间的协作学习作为一种新的学习模式进一步受到了研究者的关注。

（3）提高学习者个人领域的能力。信息技术作为学习辅助工具，可以看作是学习者的智能学习伙伴。随着技术的发展，可以通过虚拟实验、自适应虚拟动画等技术进行实验、仿真等，促进学习者与学习资源的深度交互，增强学习的真实感，加深对知识的理解，增强学习者的自学效率。

从以上主张中我们可以看出，促进深度学习的策略主要从如何促进学习者的认知领域、人际领域和个人领域的能力三个方面进行探索。而人际领域的探索无疑有着极其重要的价值，学习者个人的积极参与以及学习同伴的相互协作是深度学习的关键。

我们已经讨论了什么是协作式学习，以及协作式学习为什么很有未来。接着我们讨论协作式学习的主要功能。

协作式学习有很多功能，但是却主要服务于深度学习，以及借助深度学习培养未来一代的"合作解决问题"能力。这是为什么？

20世纪下半叶以来，信息技术强有力地冲击着人类社会的传统结构和秩序。在可预见的未来，人工智能技术将重塑人类生活。直接的影响就是就业，大部分常规的、无需深度思考的职业领域将会消失，被自动化和人工智能技术所取代。在人工智能时代，计算机处理表层知识的能力已经远超人类，如果学校教育继续聚焦表层知识的传递，那么其培养出来的人与二流的计算机无异。在这种严峻的形势下，教育必须面向未来，培养学生的"合作解决问题"的能力已经成为国际教育界的共识。各国教育改革的核心议程，基本指向就是培养合作解决问题的能力，并为之作出有效的制度和实践安排。

对中国而言，发展高阶能力的需求似乎比其他国家都要更为迫切。中国已经成为全球第二大经济体，逐渐从世界边缘走向世界中心，就必须从"中国制造"转向"中国创造"，而这种转型需要具备合作解决问题能力的人才作为支撑。

关于如何培养合作解决问题的能力，主流的意见是，要在合作解决问题中培养合作解决问题的能力。于是"协作式学习"就成为了一个热词。

接下来我们主要谈协作式学习活动设计的两个关键性设计：一是驱动性问题设计；二是协作活动设计。

二、驱动性问题怎么设计？

什么是问题？在英语中有两个词都可以翻译成汉语的"问题"：problem 和 question。它们虽然都有"问题"的意思，但含义和用法却不尽相同：problem 指说话者认为难以解决的问题，是具有缺陷和不完美的一种状况，它与动词 solve 或 settle（解决）搭配；question 指说话者需要寻找答案的问题，它常与动词 ask 或 answer 连用。

解决"问题"的问题与回答"问题"的问题不是一个"问题"，不能搞混了。

与深度学习高度相关的问题，主要就是指那些需要通过协作来解决的问题，这些问题应该是"非良构"的。

什么是良构的和非良构的？

根据知识的复杂性，斯皮罗（Spiro）等人将知识划分为良构领域（well-structured domain）的知识和非良构领域（ill-structured domain）的知识。

所谓良构领域的知识，是指有关某一主题的事实、概念、规则和原理，它们之间是以一定的层次结构组织在一起的；非良构问题往往与不同问题情境的联系较为紧密。从最一般的意义上说，一个"问题"（problem）就是一种未知状态，它来自于促使人去满足需求和达成目标的任何一种情境。不过，只有当人们有去积极地探索解决问题的办法、消除认知差距的需要的时候，问题才真正成为一个"问题"。

非良构问题是我们日常生活中经常遇到的问题，往往以两难情境出现。由于它既不受课堂所学专业内容的限制，解决方案也常常是不可预料或多种多样的，因此要解决非良构问题就需要综合不同学科的知识和技能。如面对抗击新冠疫情的问题，既要保障人民生命安全，同时要发展生产保障经济复苏，需要综合考虑生化、经济学、医学、数学、政治与心理学等方面知识，不同专业、不同角度的解决者均可以提出自己的解决方案。

非良构问题能驱动人们产生合作解决问题的冲动，因此，就要研究怎么设计出非良构的"好问题"来。

首先，我们可以在哪些方面提出好问题呢？大致上可以从以下四个方面提出：创意设计、实验研究、观察和考察、调查研究。

（1）创意设计。主要涉及科技创新小发明、App 应用系统设计、手工艺品的制作等，如无碳小车、安全飞行器、化学实验装置改进、叶脉作品的设计和创意等。

（2）实验研究。主要涉及物理、化学、生物、地理、天文等自然科学领域的相关选题，如发现红树林新菌种、影响影子长度变化的因素及其规律、家庭电路设计等。

（3）观察与考察。观察类活动一般会涉及动物、植物的研究，如玉带凤蝶、崇明岛的鸟、香樟树移栽、校园植物等；而考察类主要涉及与人民群众日常生活息息相关的社会热点焦点问题，如海绵城市的设计和改造、垃圾分类处理改进、废旧手机回收、共享单车、红绿灯合理设计等。

（4）调查研究。调查研究的主题一般会涉及学生日常生活和自身生命成长过程中的重要问题，如家庭环境对成长的影响、高中女生宿舍人际关系、初中生信息素养现状、疫情防控条件下小学生的家居生活等。

有人总结了问题设计的"七字诀"：真、实、小、价、新、趣、联，我觉得总结得很好。

"真"是指问题特性突出，具有较大的探究空间，而不是伪问题。

"实"是指符合学生特点和实际，并具有真实可感的生活视角。

"小"是指切口较小，研究难度符合学生现有的研究能力水平，而不是"大而空"。

"价"是指既具有满足学习需要的个体价值，又具有较大的社会实用价值。

"新"是指新颖性，不落俗套。

"趣"是指趣味性强，能激发强烈的好奇心和探究欲望。

"联"是指关联，与学习者的生活经验相关联。

为更好地设计问题情境，一般建议使用 GRASPS 这一设计工具。GRASPS 这六个字母分别代表：目标（Goal）、角色（Role）、对象（Audience）、情境（Situation）、表现或产品（Performance/Product）和标准（Standards）。下面我结合一个案例来给大家讲解这六个字母的含义。

在《例谈小学数学表现性评价活动的设计与实施》一文中，姚剑强等举了个小学数学的例子"快乐六一"。我们来看看是怎么做的。

在学生已完成"度量"单元内容的学习后，教师设计了一项真实性任务：六一儿童节那天，全校师生要在操场上集会。为了防晒，学校想给每位一年级小朋友买一顶帽子，总务老师上网查了一下，发现淘宝网上有家店的帽子不错，很适合小朋友，于是把网站记录下来。可是帽子是有大小的，该给每个人买多大的帽子呢？请同学们组成小组，借助工具，完成任务。

目标和角色（G&R）。首先看"快乐六一"这项任务的"目标"，很明确，"给每位一年级小朋友买一顶帽子"；再来看"角色"，学生们都在扮演"消费者"的角色，而且是"网购"。

对象（A）。学生们所要服务的对象是本校一年级小朋友。

情境（S）。这个任务涉及两个情境，一是为了防晒，六一儿童节那天，学校给每个一年级小朋友准备一顶帽子；二是淘宝购物。

产品（P）。学生们要完成一份表格，交给总务老师，表格左侧是每个一年级小朋友的名字，右侧是头围的尺码。

标准（S）。每个一年级小朋友在儿童节那天得到的帽子都必须合适。

通过以上介绍的"快乐六一"这个案例，学习了"好问题"的六个要素。

下面我们再来看合作解决问题中的协作学习活动设计。

三、协作活动怎么设计？

根据驱动性问题的种类，即"创意设计""实验研究""观察和考察"和"调查研究"，可以采用不同的协作式学习策略。

用于"创意设计"的协作活动：头脑风暴法

头脑风暴法，即无限制的自由联想和讨论，其目的在于产生新观念或激发创新设想。头脑风暴法的实施步骤是：

（1）准备阶段。先对所议问题进行一定的研究，弄清问题的实质，找到问题的关键，设定解决问题所要达到的目标。

（2）热身阶段。这个阶段的目的是进入一种无拘无束的状态。主持人宣布活动开始后，先说明活动的规则，然后随便谈点有趣的话题或问题，让大家的思维处于轻松活跃的状态。

（3）明确问题。主持人扼要地介绍有待解决的问题。介绍时须简洁、明确，不可过分周全，否则过多的信息会限制人的思维，干扰思维创新的想象力。

（4）重新表述问题。经过一段讨论后，大家对问题已经有了较深程度的理解。这时，为了使大家对问题的表述能够具有新角度、新思维，主持人或书记员要记录大家的发言，并对发言纪录进行整理。

（5）畅谈阶段。畅谈是头脑风暴法的创意阶段。为了使大家能够畅所欲言，需要遵守的规则是：第一，不要私下交谈，以免分散注意力。第二，不妨碍他人发言，不去评论他人发言，每人只谈自己的想法。第三，发表见解时要简单明了，一次发言只谈一种见解。

（6）筛选阶段。会议结束后的两天内，主持人应向活动参与者了解大家活动后的新想法和新思路，以此补充活动纪录。经过多次反复比较和优中择优，最后确定 1~3 个最佳方案。这些最佳方案往往是多种创意的优势组合，是大家的集体智慧综合作用的结果。

用于"实验研究"的协作活动：非正式学习

实验研究的关键点主要是"假设"和"求证"。在协作学习中，有一种叫作"非正式学习"的策略，一般用于实验过程中的"假设"环节。实施步骤是：

（1）组成六人小组，确定编号 A、B、C、D、E、F。

（2）由 A 讲述一个现象，由 B、C、D 分析 A 所讲的现象背后可能的原因。

（3）由 E、F 设计一个实验来验证 B、C 所做的假设。

（4）在完成假设环节后，再进行分工合作展开实验验证。

用于"观察和考察"的协作活动：实地漫步

实地漫步的实施步骤是：

（1）先组成 4~6 人小组，做好分工，比如有人负责拍摄，有人负责记录，有人负责访问等。

（2）确定漫步主题。

（3）到实地进行漫步，通过眼睛、耳朵和双脚收集资料及信息。

（4）小组成员共同整理素材进行分享。

这一策略要求学生在漫步时应带上相机、手机和笔记本，充分调动五官，从各个角度细致观察；可结对漫步，也可独立行走。

用于"调查研究"的协作活动：小组调查研究法

以色列特拉维夫大学的沙伦夫妇是"小组调查研究法"的创始人。小组调查研究法的关键特征是探究、互动、解释和内在动机。这四个特征联合而成以下六个阶段：

（1）确定研究课题和分组。教师向全班提出一个要探究的课题，激发学生参与讨论完成总课题需要设立的子课题。根据学生对子课题的兴趣来分组。

（2）制订小组探究计划。制订计划时，可以采用填写"任务单"的方式。"任务单"的内容包括课题、小组成员、探究内容、可利用的资源、如何分工等。

（3）开展探究。各个小组执行课题探究计划。一般来说，这一阶段需花费的时间最长。学生可以单独或两人配对一起收集、分析、评价信息并得出结论。之后，小组要召集组员分享知识。小组成员还可以讨论各自探究中的收获。

（4）准备最终报告。各小组将主要观点进行抽象概括，把每个成员的工作综合起来，为对全班汇报作准备，力求报告富有启发性和吸引力。

（5）呈现最终报告。汇报时尽量清楚简洁，运用多种视听手段。

（6）评价成绩。对学生的评价主要根据每个学生在整个调研活动中的表现。教师应评价学生在学习任务中表现出的高层次思维水平——他们怎样开展探究，怎样应用已有的知识解决新问题，怎样在要求分析和判断的讨论题目中运用已学知识作出合理推断，怎样从一组数据中得出结论。

用于"项目学习"的协作式学习：问题解决十步法

这里要给大家补充介绍专用于项目化学习的协作式学习策略"问题解决十步法"。学习者需要经历如下十个步骤：

（1）接触问题。为学习者呈现一个结构混乱的问题，比如说："疫情下，要保持社交距离，我们能不能给体育课设计一个好游戏？"

（2）讨论和探索问题。学生们讨论这个问题与哪些知识有关联，讨论大家对这个问题的了解情况，比如："为防疫需要，应该保持的社交距离是多少？为什么？""什么是好的体育游戏，应该达到什么运动量？"

（3）界定问题。学生们一起去草拟一份课题计划，明确提出这个需要探究的问题，为他们的学习提供中心和方向，如"一米距离的体育游戏设计"。

（4）设计成功解决问题的标准。学生们根据自己的心理预期思考他们的研究结果。

（5）提出与课题相关的问题。通过集体讨论提出与这个课题相关的特殊问题，能够为进一步的学习、研究和数据收集提供问题的中心。

（6）设计行动计划。学生们把他们将要做什么以及怎样去做列成提纲，确定每个小组成员的角色和责任。

（7）收集信息。研究小组的每个成员都会被分配去收集不同的信息片段，然后把这些信息片段汇聚到小组中。分析和综合这些信息和数据，对这些信息和数据进行编辑，并将它们放到某些有用的格式中——大纲、图形、表格等。

（8）设计解决方案。研究小组讨论潜在的解决方案，如果没有可行的解决方案，那么就要提供解释性的说明。

（9）评价解决方案。研究结果，也就是这些解决方案必须与之前提出的标准进行比较，以确定是否完成了原定的计划。

（10）将解决方案呈现给某个"真正的"听众。比如说校长、教务主任、体育老师等，或其他对解决方案感兴趣的人。这个步骤应强化学习者身份的"代入感"，赋予这个小组的工作以真实性和重要性。不管结果如何，学生们可以分享和解释研究的过程和结论。

以上给大家介绍了五种协作式学习策略，需要提示的是，协作活动一般都比较复杂，所以协作活动可以形成一个层级结构，其中较大的协作活动可以分解为较小的、更细粒度的活动，较小的活动可以被更大更粗粒度的活动所包容。比如说小组调查法，这是大的协作活动，其中"实施小组调查"是一个环节，这个环节可以采取"三步采访"等较小的学习活动。

四、协作活动的社会性支架怎么搭？

协作学习活动需要较高的合作能力，而往往学习者可能还达不到从事复杂社会协作的要求，因此要给他们提供必要的社会性支架。

所谓社会性支架主要是教师提供给学生的合作方面的支持，以帮助他们更好地完成协作学习。完整的社会性支架一般包括语言支架、角色支架、团队支架。

语言支架

协作活动比之前我们学到过的互助、互评和对话活动互动性更强。因为协作活动的目的是共同解决问题，所以真正体现合作学习的就是学生们的"共同思考"。协作活动的参与者不是在小组中（in groups）工作，而是作为小组（as groups）而工作，所有成员的思考都要被整合起来，而语言一定是主要的整合思考的工具。因此，教师首先就要给出互动语言方面的支架，主要包括：

如何通过回应、质疑和追问，使活动得以发展，并将思维引向深入；

如何了解他人对某一主题的所思、所想或所知；

如何逻辑清晰而自由地表达观点，如概括、详述、例示、解释等；

如何给他人提建议以及有礼貌地打断他人；

如何给他人下指令以及给出正确的反馈；

如何感谢、赞美、提醒和批评他人；

如何鼓励他人积极参与协作活动；

如何化解冲突并达成共识等。

角色支架

协作活动中，教师要帮助学生确定在活动中所要扮演的角色，确定了角色才能合理分配资源。

不同的协作学习任务，有不同的角色需要。通过设定角色可以清晰表达出教师对参与者的要求或期望，特定的角色支架显然会促进特定的学习活动。

比如，在"小组实验"中，可以安排操作员、观察员、记录员、汇报员等角色；在"合作思维导图"活动中，角色至少分为组长、绘制者、组员和审核人。

团队支架

研究者们观察到，让学生们围坐在一起，给他们一个探究性问题，可是我们所期待的协作行为并没有发生，这是为什么？因为协作行为需要团队支持。

在兰西奥尼（Lencioni）的《团队协作的五大障碍》一书中，谈到团队协作过程中经常遇到的五大障碍：缺乏信任、惧怕冲突、缺少共识、逃避责任、无视结果。我想作者所说的五大障碍，在学生的学习团队中也存在，消除这些障碍才可能有高质量的协作活动。

（1）缺乏信任。小组成员是靠信任凝聚在一起的，信任就像是团队的粘合剂，如果成员之间彼此缺乏信任，团队就无法协作活动。

那应该如何克服这个障碍？兰西奥尼认为，应该建立"基于弱点的信任"，即团队成员要敢于承认自己的弱点和不足，能够在必要时向别人道歉和接受别人的道歉。

（2）惧怕冲突。团队成员们因为惧怕冲突，在协作活动中大家一团和气，这不利于深度学习和解决问题。兰西奥尼建议，要对团队成员进行建设性冲突的训练，让大家都愿意表达不一致的意见，学会适应良性冲突，不再害怕激烈的争论。

（3）缺少共识。团队缺乏共识也就无法协作活动。为解决这个问题，可以要求学习小组实行"最后期限"制，逼迫大家必须在这个期限之前拿出集体意见；在达成共识后，要将结论讲清楚，要有一个清晰的表述，最好是书面表达；组长还要询问组员，有没有不清楚的地方，如果没有，那就要求大家作出承诺并付诸行动。

（4）逃避责任。一名成员发现其他成员没有兑现承诺的时候，能否勇敢站出来提醒他，告诉他这么做是不对的。如果心里想，我又不是组长，我才不去得罪人呢！这就叫作"逃避责任"。教师应教会学生说："我无意冒犯你，只是我看到你有一些方面可能不符合我们之前的共识。"还要教对方回应说："我做得可能确实不太合适，原因是遇到了点困难，你是不是可以给我一些好的建议。"只有大家都承担起责任来，这才是良性的互动方式。

（5）无视结果。无视结果不是说不看重结果，而是说团队成员各自为政，关注的不是同一个结果。比如团队目标是成功地完成任务，完美地解决问题，而从个人角度看，可能是希望自己得高分，获得教师和家长赞赏。如果个人和团队结果不一致，个人就会倾向于为一己之私斤斤计较，不愿意为团队承担具体而琐碎的事务性工作。因此，在推动团队协作时，将团队结果与个人结果捆绑起来进行评价是很有必要的。

以上是支持学生从事协作活动的三个支架，希望对你有所帮助。

思考与练习 ＞ 1. 说说协作式学习为什么很年轻却很有未来？

2. 在你的教学设计中设计一个驱动性问题。

3. 使用本讲推荐的协作式学习策略设计一次协作式活动。

4. 教师之间经常有协作活动，教研活动就是其中一种。请用社会性支架的方法，提出改进教研活动的建议。

第 10 讲 | 系统设计

学习目标 〉

1. 了解教学设计的 ADDIE 模型；能说出 ADDIE 模型中每个字母代表的含义。

2. 掌握对课程标准、学习类型、学情等方面进行教学分析的要领。

3. 能以分析结果为基础，确定教学目标、选择教学策略、安排教学顺序、规划教学过程。

4. 能运用本书提供的"合作学习设计模板"，设计一堂合作学习的课。

一、什么是 ADDIE 模型？

有人认为，课堂教学应该是一项实践性很强的工作，花很大功夫做出再好的教学设计，也是纸上谈兵，不如在课堂中进行实际操作。因为教学活动本身是具有时间性的，互动性也很强，而教学过程受制于各种复杂的因素，课堂中的变化很难预测，事先无法作出十分准确的决策。因此，最好的教学应该是"随机"的。

你可不要认为持这种"奇谈怪论"的人只是少数，教学应该随机开展这一观点在 20 世纪 80 年代的美国还颇有市场。根据这个观点推演一下，课堂中要不要使用合作学习，合作学习在什么时候使用，以及要不要使用合作学习的策略和流程，要用什么样的策略，这些都不应该事先预设。

不过，大多数教学研究者还是坚持认为，教学应该事先做好精心设计，教学设计才是教学这个专业的"基本盘"。教学虽然有时候被称赞为一门"艺术"，但归根结底还是一门"手艺"，是建立在科学基础上的技术活。教学设计的技术是有理论支撑的，下面要给大家推介教学设计的 ADDIE 模型。

ADDIE 模型是 20 世纪 70 年代美国佛罗里达大学教育技术研究中心设计和开发的，之后迅速被美国所有武装部队采用。至今，ADDIE 模型已经发展成为比较成熟的教学设计模型，几乎所有的经典教学设计模式都是在 ADDIE 模式基础上变化而来的。学者们普遍认为，该模型不仅是一个教学设计过程模式，更为重要的是，它为我们提供了一种解决问题的思路。因此，ADDIE 模型也是应用最广泛、讨论最多的教学设计模型。

ADDIE 模型的名称来源于五个阶段的首字母缩写，即分析（Analysis）、设计（Design）、开发（Development）、实施（Implementation）与评价（Evaluation）五个步骤，这五个步骤用以保证高效而精准地进行教学设计。

ADDIE 模型以教学目标和教学问题为首位，体现整个教学活动的线性过程：分析考察学习者的需求、设计学习或教学策略、开发编排教学资源和工具、实施开展教学活动、进行总结性评估和形成性评估。

模型中的五个阶段是一个互相影响的整体，而形成性评价贯穿于全过程；各个阶段又包括相应的子阶段，具有较强的操作性；每个阶段的具体步骤结合实际应用情境，也可以结合其他学习理论或教学设计模型实施。我们的合作学习设计也采用这一模型，并努力将"逆向设计"思想贯注其中。（见图 10-1）

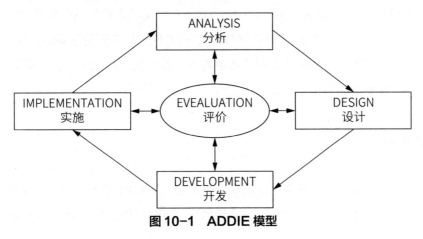

图 10-1　ADDIE 模型

以下是 ADDIE 教学设计模型的构成要素：

分析阶段

分析是指对一系列的与教学设计相关的问题进行分析，主要包括课程要求、学习类型、教学对象、教学条件等。

合作学习设计中，分析阶段不仅要完成上述分析，还要对学生的合作素养进行分析，主要是对学生掌握合作学习策略和合作技能的情况进行分析，为下阶段选择合适的合作学习策略作好准备。

设计阶段

设计显然是合作学习设计的核心任务，设计阶段要遵从分析阶段的分析结果。根据逆向设计的要求，这个阶段要将课程目标和要求、单元目标和要求细化成多个模块，提出每个模块需要达成的目标，然后制定出检测学生是否达成目标的具体标准。最后，根据分析阶段的分析结果，选定能够有效达到预期目标的教学方式或教学策略。

对合作学习设计来说，设计阶段就要决定是否使用合作学习进行教学，如果使用，应该使用哪一类合作学习策略：互助式学习？互评式学习？对话式学习？协作式学习？如果是互助式，那选择两人间互助还是跨组或全班互助？

设计阶段中，教学目标的制定对教学过程的规划起着至关重要的指导作用。目标的确定有助于教学设计者明确教学内容，更好地进行教学评价，同时，它也帮助学习者明确自己学什么、怎么学。

开发阶段

开发指的是经过分析和设计这两个步骤之后，根据前两个阶段的结果（目标、任务等）进行资源和工具等一系列学习"支架"的开发。合作学习是一种相对比较复杂的学习方式和教学方法，为提高合作学习效益，就要为学习过程提供更多的工具作为支持，比如发言卡、计时器、计分卡等。开发阶段还要能将互联网与合作学习相结合，微课、翻转课堂等资源都是需要在这个阶段进行开发设计的。

实施阶段

在分析、设计、开发阶段任务完成后，应进入教学设计的实施阶段。这一阶段是指教师和学生在具体的教学场景中，将设计意图体现出来。在实施阶段，教学设计者不但要发挥指导作用，引导学习者沿着正确的轨迹执行学习任务，还要尊重学生的主体地位，密切关注学生的行为表现，并给予适时的反馈，随时调整教学计划和进度。

在使用合作学习策略的课堂教学中，课堂组织管理和监控任务很重，更需要预先精心准备。

评价阶段

作为 ADDIE 模型的最后发展阶段，评价当然要对教学实施后的效果进行诊断和检查。但 ADDIE 模型要求将评价贯穿在整个教学设计流程中，在设计的每个阶段，都需要作评估，分析、设计、开发、实施要作评估，而且连同最后一个环节"评价"也要被评估，这么做是为了使教学设计工作成为一个自我修正系统。

如图 10-2 所示，分析、设计、开发、实施、评价这五个阶段串联起来，形成闭环，体现教学设计从分析到实施的逻辑顺序，而评价又单独指向分析、设计、开发和实施，旨在说明及时的评价反馈影响这四个独立阶段，评价为教学效果提供保证。

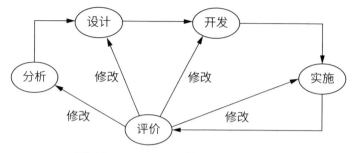

图 10-2　ADDIE 模型中评价的作用

二、教学设计中的"分析"怎么做？

根据 ADDIE 模型，合作学习设计的第一个步骤是"分析"。这一阶段的目的有两个：一是为锁定教学目标作准备；二是为是否在课堂上使用合作学习以及使用哪种类型的合作学习策略提供决策依据。为此，这一阶段要作好课程标准、学习类型、学情、学习环境、自我状态等方面的分析。

（1）课程标准。课程标准是教学设计最重要的依据，自从有了课程标准以后，教学就要"基于标准"。课程标准已经大致上规定了本学科学习的目标和内容，不仅如此，课程标准对教学方式也提出了建议，合作学习当然也是课程标准对教法所提的重要建议之一。2022 版的新课标甚至进一步明确了学业质量标准。有了课程标准作为依据，教学目标的设定和教学方式的选择就不至于离谱。

（2）学习类型。课程标准和教材大致上规定了学习内容，接着就要对学习内容进行分析与归类。不同的学习类型也会影响到教学目标的设定，比如，学习类型是"事实性知识"，那么学习目标一般就是"知道""了解""记忆"；学习类型是"概念"，学习目标一般为"理解"；学习类型为"原理"，学习目标一般为"理解""应用"。不同的学习类型，教法也应该不同，合作学习策略的运用应随之不同。关于这一点，大家可以回看第 4 讲中"以教定策"的内容。学习类型不仅与确立教学目标有关，还与合作学习策略的选择有关，比如说切块拼接法就要求学习材料能够被"切块"；而连环画法就要求学习材料可以涂画。

（3）学情。学生已经知道什么，这很重要。学习者通常以他们的旧知来理解新知，因此要了解学生的"先备知识"并以此为依据设计教学。了解学习者的已知部分，还有一个重要的好处就是防止教师陷入"专家盲区"，因为教师对本学科知识已经了然于胸，于是下意识地认为这些内容很简单，而对学生来说，却可能很难。一些学生缺乏背景知识，也会对知识产生误解。从合作学习的角度看，学情分析不仅要分析旧知的掌握情况，还要了解学生合作素养的相关内容：他们能运用多少合作学习策略，他们合作技能水平如何等。

（4）学习环境。这一点对合作学习也很重要，一些学校的班级规模太大，只能满足两人组和四人组的合作活动，课桌椅完全没有可能按合作学习的要求摆放，那就要因地制宜，服从环境的特殊性。

（5）自我状态。要分析自己在组织学生合作学习方面的能力，对自己驾驭合作学习的水平有正确的评估，以增加合作学习的成功率。一些操作流程复杂的合作学习策略，对教师的课堂组织能力构成了挑战，有时候仅仅是情绪状况不佳，都会影响到合作学习的效果。

三、教学设计中的"设计"怎么做？

在对课程标准的要求、学习内容的类型、学情、学习环境和自我状态作过分析后，接着就要进入合作学习设计的第二个环节：设计。这一阶段的任务是：以前期分析阶段的结果为基础，确定教学目标、制定教学策略、确定教学顺序、规划教学过程。

设计阶段所追求的主要并不是所谓的艺术境界、个性和创新性，而是符合科学共同体共识的规律、原理、原则和法则。这个部分，教师要准备好迎接同行评议。因此，你有责任告诉同行：

为什么这么教而不是那么教？

为什么使用合作学习策略？

如何证明你的教学决策是正确的？

如果学生的学习没有达到预期效果，问题出在哪里？

为了能回答这些问题，在设计阶段应遵从"逆向设计"（backward design）

的思想和方法。

逆向设计最早是由威金斯和迈克泰（Grant Wiggins & Jay Mctighe）提出的，他们主张在教学设计中首先明确学习成果（目标），然后确定实施评价成果的方式，最后规划学习经验和教学。用最简单的话来说，逆向设计就是将学习评价置于教学活动设计之前考虑，这种设计思路有别于传统教学设计，因为传统教学设计将评价视为最后要考虑的事情。

"逆向设计"要经历三个设计阶段，第一阶段是确定预期结果，第二阶段是确定合适的评估证据，第三阶段是设计学习体验和教学，后两个阶段为第一阶段服务。以下，我们依次介绍这三个阶段的任务。

确定预期结果

逆向设计将确定预期结果放到第一的位置上，在教学设计时，首先要设定好"预期结果"：学生应该知道什么？理解什么？能够做什么？逆向设计的这种思想，被称为"以终为始"。

教学的预期结果，其实就是教学的目标，目标和结果是可以通用的。目标为什么很重要？因为目标给了师生方向感，构成了学习的意义，也就能使学习更有动力。

合作学习的教学目标设计，除了如一般教学那样设立学术性目标（academic objective），还要有合作性目标（cooperative skills objective），下面我们主要谈谈如何设立合作性目标。

合作性目标主要包括两大内容，一是合作技能目标，二是应用合作学习策略的目标。

其一是合作技能目标。它主要包括三种类型：第一类是组成小组的技能，如向他人打招呼问候、自我介绍与介绍他人等；第二类是小组活动的基本技能，如表达感谢与对感谢的应答、注意听他人讲话、鼓励他人参与及对鼓励参与的应答、用幽默的方式帮助小组继续活动等；第三类是交流思想的技能，如提建议与对建议的应答、询问原因与提供原因、有礼貌地表示不赞同与对不赞同的应答、说服他人等。相关内容请大家回看第 3 讲中的"如何教授合作技能"。

其二是应用合作学习策略的目标。合作学习策略主要分为互助式、互评式、对话式和协作式等，相关内容可以回看第 4 讲、第 6 讲至第 9 讲的相关内容。

以上介绍了合作性目标的主要内容，下面我们来介绍合作学习中教学目标的叙写，主要是两种写法：一种是"组合式"，就是将教学目标分两栏来写，一栏写"学术性目标"，还有一栏写"合作性目标"；另一种写法是将这两类目标整合在一起，可以称为"融合式"。

首先来看组合式。济南市育秀小学张鑫老师在她的《面积和面积单位》一课中这样叙写目标：

1. 学术性目标：（1）理解面积的意义；认识常用的面积单位，初步感知它们的实际大小；（2）通过不断积累活动经验，理解计量的本质结构；（3）发展创新意识，培养运用知识迁移解决实际问题的能力。

2. 合作性目标：（1）学会倾听和表达，使学生在融洽开放的学习氛围里进行深层次的沟通和交流；（2）学生能使用坐庄法、叽叽喳喳法等合作学习策略进行小组学习；学习中，学生能倾听对方观点并清晰表达自己的观点。

在张鑫老师的合作性目标中，"坐庄法"和"叽叽喳喳法"属于合作学习策略，而"倾听"和"清晰表达"属于合作技能。

再来看融合式。淄博市高新区实验小学的衣明銮老师在《分数的意义和性质》复习课中设置了这样的教学目标：

1. 通过"切块拼接法"，学生对分数的意义和性质有更深入、系统的认识，会灵活运用分数的相关知识解决问题，锻炼倾听、赞美、感谢、提问、给他人指导、向他人表示异议及给他人提建议等技能，在学习过程中体会到学习的乐趣，获得成功体验。

2. 通过"内外圈"交流，学生对分数的意义和性质的掌握情况进行反思和评价，并能在课后重新做一份更完整的结构图，培养学生倾听和公开发表观点的能力。

衣明銮老师设计的教学目标，将切块拼接法、内外圈这类合作学习策略以及"赞美""提建议"等合作技能作为合作性目标，与学术性目标有机整合在一起。

我们一般建议，在合作学习初期，师生都是初学者，叙写教学目标时，采用组合式较为稳妥，容易上手；熟练之后，可以采用融合式的方式叙写，更自然也更有效。

确定合适的评估证据

逆向设计包含着一个极其重要的设计内容就是确定合适的评估证据，包括：我们如何知道学生是否已经达到了预期结果？哪些证据能够证明学生的理解和掌握程度？

逆向设计要求教师要根据所搜集到的评估证据来思考教学活动的组织和安排，要像评估员一样思考，思考如何确定学生是否已经达到了预期的理解和掌握程度。

关于评价前置，在华东师范大学出版社出版的《基于标准的教学设计：理论、实践与案例》一书中，作者李锋解释说：

评价设计优先于教学活动设计，就是要求教师带着问题思考教学活动，增加教学活动的针对性，使得预期学习结果、学习成绩、教学与学习行为之间实现有机地关联，这也正是逆向设计要实现的目的。我的理解是，将评价前置迫使我们的教学设计和实施不要偏离教学目标，尽可能地减少与教学所要输出的结果无关的教学活动，以保证教学这个复杂系统的整体性和确定性。

每一项合作学习目标都要设法找到合适的评价标准和评价方式，这个问题这里不再强调，大家可以参看第 8 讲中的相关内容。这里要强调的是，我们如何来检测学习者的合作目标是否达成？

在合作学习活动中经常要对学生的合作行为进行评价，日常行为评价是弗梅蒂（Merrill，1998）在合作学习实践中开发出来的一种合作学习评估方法。弗梅蒂认为应该"每天对每个合作学习小组和小组中的每个学生的合作行为进行评估"。大家看一下下面的评价标准，分值范围是 0~5 分。

5 分。得到 5 分的小组或学生并不是那天在小组活动中表现最好的小组或学生。传统的教学评估往往是带有竞争性的且只有少数人能获得高分的评估。在日常评估中，并没有规定各个等级的名额，只要达到了 5 分的标准，就可以获得 5 分。凡是那些热情参与、乐于助人、完成预期目标的小组或个人都可以获得 5 分。在合作学习中，得到 5 分是很普遍的。

4 分。学生努力地与小组同伴一起工作，积极设法完成任务。

2 分与 3 分。不能完成预期的目标，经常偏离主题，需要教师一直监督才能使活动开展下去。

0 分与 1 分。除非学生的行为特别出格，比如拒绝参加合作学习或是受过几次严厉警告之后被劝退出组，否则不应给出 0 分和 1 分。

设计学习体验和教学

这个阶段主要对合作学习活动进行设计，也就是你将使用何种教学模式、方式、方法、策略使学习者达到你的期望。如果使用合作学习策略，那比较权衡一下哪一种或哪几种会达到最优。

为了更好地进行合作学习设计，我们要运用系统思维。之所以要用系统思维进行合作学习设计，根本目的是为了追求教学的整体优化，反对"一招鲜"。

合作学习能取得很好的效果，这是铁板钉钉的事实，这是可以确定的。但是在具体使用时，其效果是否也是确定的呢？这就要考虑对教学系统内的各个部分和过程加以统整，综合考察学习类型与目标、教师与学生、时间和空间、学习环境等因素。

世界上不存在某种最好的方式，与其他学习方式和教学方式一样，合作学习也要被恰当地使用。

赖格卢特（Charles Reigeluth）在《教学设计是什么及为什么如是说》一文

中指出："任何设计活动的宗旨都是提出达到预期目的最优途径，因此，教学设计主要是关于提出最优教学方法的处方的一门学科，这些最优的教学方法能使学生的知识和技能发生预期的变化。"

我们可以用不少词语来形容这种恰当性，比如"匹配""优化""合适""适宜"等。任何教学设计，从本质上看，都是在寻找恰当性。从属于教学设计的合作学习设计也是如此。

下面我们来具体介绍一下合作学习的活动设计。

合作学习的活动设计有两个思路：一是研究出某种合作学习的课型（lesson-based），每堂合作学习的课都按固定的课型要求来设计；二是将合作学习嵌入任何的教学过程中。

在卡甘看来，教育者一直在用基于"课型"的方式来处理课程与教学的问题。卡甘不断告诉教师，"不要实施合作学习的课型，而是让合作学习成为每节课的一部分"。也就是要将合作学习嵌入到教学过程中。

本书的观点与卡甘高度一致，即要将丰富的合作学习策略嵌入到教学过程中，相关内容请大家回看第 5 讲中的内容，这里再提示一下：

（1）预备阶段。这一阶段，合作学习的游戏性活动可以提供良好的人际环境，激发学习者的学习动机和团队合作动机。

（2）输入阶段。这一阶段的主要任务是引发学生注意，激活原有知识，输入经过组织的新信息，控制工作记忆的负荷。这个阶段，合作学习可以用于相互输入新信息，互助式学习在这个环节中大有可为。

（3）加工阶段。这一阶段的主要任务是将新信息与旧知识进行融合，通过编码将新信息储存到长期记忆中。在这个环节中，合作学习一般用于促进学习者对新信息进行深度加工，可使用对话式合作学习。

（4）输出阶段。这一阶段的主要任务是要让学习者将理解的内容加以运用。输出方式与迁移的远近有关。近迁移是指每一次执行的应用场景都差不多，各种应用情境之间有许多共同要素；远迁移是指任务执行者需要将某种原理或规则根据实际情境进行调整。这是互评式合作学习和协作式合作学习的主战场。

（5）反思阶段。这一阶段的主要任务是通过反馈促进学习者反思，互评式合作学习在这个环节中经常会被用到。

你也可以在提出"首要教学原理"的梅里尔教授的教学模式中嵌入合作学习策略。梅里尔提出了著名的"教学阶段循环圈"：激活阶段—展示阶段—应用阶段—整合阶段。合作学习策略怎么与之结合呢？

在激活阶段，教师通过激活学生原有知识结构和为其提供知识结构，帮助学生学习新知识，即帮助学生作好学习准备。这个阶段可以组织两人间的合作学习活动，完成激活旧知的任务。

在展示阶段，教师指导学生将新知识与准备好的知识结构加以联系，理解新知识。这个阶段可以组织互助式合作学习，由学习者相互教授或讲解。

在应用阶段，教师辅导学生进行应用活动，让学生进行练习尝试。这个阶段可以使用对话式合作学习，由学生小组讨论完成。

在整合阶段，教师鼓励学生将知识融会贯通，进行反思和创新。这个阶段相当于是输出，一般使用协作式合作学习。

以上介绍了合作学习设计核心环节的三个步骤，包括目标设计、评价设计、合作学习策略设计。而这三个步骤其实是一个系统，共同为教学目标（预期结果）服务。

四、教学设计中的"开发"怎么做？

开发阶段主要做几件事：一是撰写合作学习设计方案，二是准备合作学习资源，三是配置合作学习工具。

撰写合作学习设计方案

为了提高教学设计的科学性和精准度，学校或地方教育局教研室都会提供相对固定的备课模板，用表格的方式呈现，帮助教师更快捷地完成教学设计任务。

本书为你提供了一个"合作学习设计模板"，是为合作学习量身定做的。（见表 10-1）

表 10-1　合作学习设计模板

设计者		年　级		班　级	
教材来源	教科书□　自编□　其他□	学　科		单　元	
课时名称				节　次	
课程标准					
学习类型	事实□　程序□　概念□　原理□　技能□　其他□				
学情分析	先备知识				
	合作素养				

教学目标	学科性目标	合作性目标
		积极倾听□　　赞扬□ 感谢□　　求助□ 掌握时间□　　切合主题□ 鼓励□　　对事不对人□ 轮流发言□　　主动分享□ 达成共识□　　其他□

评价设计	口头提问□　纸笔测试□　表现性评价□　自我评价□　互评□　其他□
合作学习策略	互助式：轮流说□　练练法□　两人互查□　MURDER□　小先生□　Jigsaw□　其他□ 对话式：发言卡□　三步采访法□　坐庄法□　接力法□　一人走三人留□　内外圈□　其他□ 互评式：记记法□　组际批阅□　组际评价□　合作测试法□　游戏竞赛□　接力赛□　其他□ 协作式：情境表演□　小组调查□　实地漫步□　项目学习□　头脑风暴□　合作思维导图□　其他□
资源工具	

小组管理	说明分组方式、角色分工、座位安排等。	
	正相互依赖的方法： 每个组员皆获得同样的奖励（加分）□ 共同分享一份学习材料□ 角色指派□ 其他□	促进个人责任感的方法： 随机提问□ 全班测验□ 其他□

教学过程				
步　骤	学习活动	教学活动	评价说明	时　间
预　备				
输　入				
加　工				
输　出				
反　思				
教学反思				

合作学习设计模板使用说明

1. 课程标准。它是指本课教学设计的重要依据之一——国家课程标准对本课的要求，设计者要从课标中摘选相关文句。

2. 学情分析。不仅要分析学生的先备知识，还要了解学生会使用哪些合作学习策略，以及合作技能掌握情况等。

3. 学习类型。课程标准和教材大致上规定了学习内容，对学习内容中的重难点进行分析，确定这些学习内容的学习类型。

4. 教学目标。依据课标要求、学情和学习类型，以及环境和自我状况，锁定教学目标。教学目标不仅有学术性目标，也要有合作性目标。

5. 合作学习策略。寻找到与学习类型、教学目标、学情相匹配的合作学习策略，主要是四大类：互助式、对话式、互评式和协作式。

6. 合作技能。寻找到与合作学习策略相匹配的合作技能，如倾听、赞美、感谢等。

7. 评价设计。寻找到与教学内容、目标要求相匹配的评价办法，如量化评价或表现性评价等。

8. 资源工具。开发支持合作学习过程的资源和工具。

9. 教学过程。确定支持教学目标实现的教学过程和学习活动，本书推荐的是根据"信息加工理论"而设计的教学过程，即预备—输入—加工—输出—反思，但不必拘泥于这一流程。

10. 评价说明。即在教学过程中的评价设计。

准备合作学习资源

开发阶段的一个重要任务就是作好学习资源准备，主要是两项工作：一是对教材内容的预处理，二是辅助教学资源的开发与选择。

首先是对教学内容的预处理。教材是学生在课堂学习中主要的学习材料，但并不是所有的材料都适合合作学习。为更好地开展合作学习，有必要对教材进行适度的增删、选用、调整和加工。举个例子，Jigsaw Ⅰ要求小组成员不知道其他成员手中材料的内容，这就要使用教材之外的补充材料；而 Jigsaw Ⅱ要求每个成员的学习材料与其他成员的材料是并列关系，这就要对教材进行增减和切割。

其次是辅助教学资源的开发与选择。教学中的辅助资源主要是指有利于学生自主学习的资源，包括学习任务单和教学视频的制作。

（1）学习任务单。学习任务单是学习者在自主、合作学习中必要的"支架"，旨在提高自主、合作学习的效益。

一是"自主学习任务单"。合作学习是建立在自主学习基础上的一种学习方式，这类任务单有利于提高接下来的合作学习的质量。自主学习任务单可以是问题，也可以是表格，如 Jigsaw 就需要"专家"自主完成包含四个问题的自主学习任务单。

《壶口瀑布》第_____组研学任务单

研学问题：

【任务一】寻找最佳观景之位置。

（作者在什么时间、什么地点、采用什么角度游览瀑布的？）请结合课文内容发表自己的观点。

经过交流讨论，我们组想要汇报的研学成果是：

_____

_____

_____

这是我们组的观点，请其他组点评、补充或质疑。

《壶口瀑布》第_____组研学任务单

研学问题：

【任务二】探究最美壶口之景观。

（美读课文，作者二游壶口分别为我们呈现了一个什么样的壶口瀑布？可从修辞特色、词语运用、描写角度、表现手法等方面分段赏析。）请用诵读的方式展示你的赏析。

美读参照："_____"这句话运用_____的手法（从_____角度），写出壶口瀑布的_____特点。突出一个"_____"字。

经过交流讨论，我们组想要汇报的研学成果是：

_____

_____

_____

这是我们组的观点，请其他组点评、补充或质疑。

《壶口瀑布》第_____组研学任务单

研学问题：

【任务三】感悟最深观景之情思。

（通观全文，作者只是向我们介绍壶口瀑布这一风景名胜吗？他想借此篇表达怎样的情思？）请结合课文内容发表自己的观点。

经过交流讨论，我们组想要汇报的研学成果是：

_____

_____

这是我们组的观点，请其他组点评、补充或质疑。

（随县吴山镇中心学校　秦婷婷）

二是"合作学习任务单"。为确保合作学习策略的有效使用，可以设计辅助性的任务单，需要小组共同完成，比如实验记录单等。

《大卫·科波菲尔》学习单

一、学习目标

1. 结合课文中的具体描写，分析人物的性格特点。

2. 体悟经典人物的典型意义，领略作家塑造人物形象的匠心。

二、学习规则

1. 同桌两两轻声细语地交流，充分倾听、记录同伴观点，不打断对方，互相补充、质疑、澄清。

2. 重点问题四人轻声细语地讨论，轮流发表意见，互相尊重，以形成组内的共识性观点或提出组内疑问。

3. 四人共同公共发表，其他人认真倾听、记录、整理，不打断他人。其他人陈述完整后，可以补充、提出质疑或回答其他组的问题。

三、学习内容

1. 交流预习作业。

本文哪个人物给你的印象最深？请谈谈你对这一人物形象的看法。

2. 核心学习任务。

结合课文中的具体描写，分析米考伯这一人物形象。

学习要求：请画出描写句，试着作批注；体会外貌、语言、动作、心理等方面描写，

综合分析人物形象（思想、品质、行为、习惯等）；四人小组充分交流，可以用思维导图的方式来呈现分析过程。

（上海师范大学附属外国语学校　郑艳红）

（2）教学视频。教学视频主要用于某个知识点的讲解，视频来源不拘于自己制作，也可以从开放性教育资源中寻找，以微视频为主。特别是融合传统课堂现场学习与网络在线学习优势的混合式学习（blended learning），比如翻转课堂和移动学习，都会提供给学习者自主学习的视频资源，使学习者在网络环境下，借助计算机、平板电脑、智能手机等终端工具，开展个性化、自适应学习。

这里介绍的教学视频，是指用于指导学习者掌握合作学习策略的微视频，教师可以结合本校实际进行创造性的开发，以使学生迅速了解和掌握合作学习常用策略。比如上海乐好教育科技有限公司开发了《合作学习35策动画》的视频，华中科技大学附属小学开发了合作学习策略和合作技能小视频，武汉经济技术开发区洪山小学自主开发了《合作学习36计》小视频，这些内容在哔哩哔哩等视频网站上都能找到。

混合教学模式强调对在线课程平台的文本、视频、PPT等资源进行开发，这将会是合作学习与互联网结合的新的增长点。

配置合作学习工具

工具的价值越来越被人们重视，工具正在改变人们的学习方式、生活方式和工作方式。在课堂教学中，工具的开发和使用也正在改变学习者的学习方式。

一些传统工具，如小组台签、发言卡、小组记分牌、计时器等，可极好地应用于小组建设、组内交流和组间竞赛中。

计算机技术的应用，给合作学习工具的开发带来了更多可能性。以下介绍上海乐好教育科技有限公司开发的课堂合作学习软件，可分别用于合作学习设计、实施和评价反馈等环节。

（1）合作学习设计。在设计环节，互联网工具主要辅助设计中的分组和策略匹配。

分组：根据学生的性别、身心特质、学习兴趣、学习力、领导力等特点进行智能匹配和有效分组。

策略匹配：根据学习目标和学习任务的属性自动匹配合适的合作学习策略。

（2）合作学习实施。在实施环节，互联网工具主要辅助时间管理和过程管理。

时间管理：设置各类小组活动时钟，进行灵活的时间管理。

过程评价：在合作学习过程中，教师可以对学生的合作技能和合作学习策略的使用情况进行观察，使用互联网工具记录学习者的过程表现，更准确地进行过程评价。

随机提问：互联网工具能实现摇号功能，使课堂提问更具随机性，以解决合作学习可能带来的责任感下降的问题。

（3）合作学习评价和反馈。在评价和反馈环节，互联网工具能实现小组评价、分析和个性化反馈功能。

捆绑评价：互联网工具能快速地实现小组捆绑评价，将小组每一成员的表现与小组整体表现整合起来。不仅如此，还能计算每一成员和小组整体的进步幅度，实现对小组的增量评价。

及时反馈：课堂练习和小测验，可以通过人机互动的方式，快速采集学习过程中的"小数据"，并进行及时的分析和反馈。

五、教学设计中的"实施"怎么做？

教学设计的第四个步骤是实施。你可能要问，这本讲合作学习设计的书却要讨论"教学实施"，这是不是越界？教学设计的 ADDIE 模型关注分析—设计—开发，但是怎么会讨论实施环节呢？这是不是"多管闲事"？

任何设计，其实都只是"纸上谈兵"，如果没有在真实而复杂的教学现场尝试过，你怎么知道那是一个好设计呢？所以，在 ADDIE 模型中加入实施环节，其目的是为了检测教学设计的效果和可行性，便于后期的修改和完善。

实施被看作是设计方案的调试环节，所以设计者要按照设计稿的要求进行教学，并真实记录每个环节的成效，并在实施后对设计方案进行验证、修改和迭代，直到实现充分的优化。也许，这样的过程没有终点。

不过，再好的教学设计，如果没有可胜任的教师去实施，那真是纸上谈兵了。一个著名特级教师精心设计的教学方案换另一个教师去实施，效果可能也不理想，这不是教学方案不够好，而是实施能力太差。

教学研究专家哈蒂（Hattie）用了 15 年时间对涉及 2.36 亿儿童的 800 多份元分析进行了分析，在 2009 年出版了《可见的学习：对 800 多项关于学业成就的元分析的综合报告》，在这个报告中，哈蒂把 138 个影响学业成就的因素的效应量进行了计算，并按照大小进行了排序，形成了著名的"哈蒂排名"（Hattie Ranking）。哈蒂把这些影响因素归类到学生、家庭、学校、教师、课程和教学六个范畴中。结果显示，学生的学业成就差异有 35% 来自于教师，排名第一。哈蒂的元分析在德国被《时代周刊》归纳为"教师最重要"，被《明镜周刊》认为是"回到教育改革的核心"，而在英国被称为"发现了教学的圣杯"。

合作学习实施过程中教师的重要性也是不言而喻的。合作学习的实施是由教师的一系列支持合作学习获得成功的行为构成的。这些行为概括起来主要是：作为合作学习的激活者；作为合作学习的榜样；作为合作学习的促进者。

合作学习的激活者

哈蒂认为，教师应该成为学习的"激活者"（activator）。如果没有激活者，那么学生的学习将难以发生，课堂里的合作学习也就无从谈起。

那么，教师应该如何激活学生的学习？哈蒂在《可见的学习与学习科学》中提到，教师作为激活者的一个重要职责在于清晰地传达目标和任务，并向学生提供有效反馈。

对合作学习来说，教师给出的反馈必须针对三个关键问题：学生的合作学习要达到什么水平，如何达到这一水平，学生是否达到了这一水平。

为了能清晰传达合作学习的目标任务，教师要成为专业的合作学习实践者，掌握常用的合作学习的策略和人际合作技能，精准把握合作学习策略的操作要领和应用场景，这些专业准备都是不可或缺的。

合作学习的榜样

哈蒂在《可见的学习与学习科学》中还提到了教师的另一个角色，即"社会榜样"或"示范者"，这在合作学习实施中也很重要，教师自己要成为一个善于合作并善于运用合作学习策略进行学习的学习者。

教师的榜样作用有着深层次的生物学和神经科学的基础，近年来学术界的"社会脑"假说越来越被证实。人类进化出了一个对社交线索十分敏感的大脑，我们善于通过观察去模仿他人并从他人身上获取复杂信息；神经科学中的镜像神经元理论认为，当我们观察另一个人做某件事情时，我们和那个人的同一个皮质回路会被激活。

在课堂教学中，教师担当了合作学习榜样的角色，这是一个"更有能力的他者"的角色，所以，教师在课堂教学中所表现出的合作行为，要比"言传"合作技能和合作学习策略更为重要。

合作学习的促进者

合作学习是以学习者为主体的学习行为，教师作为支持者，在合作学习过程中起到积极的促进作用。合作学习研究者约翰逊兄弟指出，合作学习中教师主要在以下方面发挥专业作用：

（1）明确详述一堂课的教学目标。

（2）在课前作出学生编组的决定。

（3）向学生清楚地阐明学习任务与目标。

（4）监控合作学习小组的有效性，介入活动并向学生提供帮助（如回答问题和教授技能），或提高学生人际交往和小组技巧。

（5）评价学生的成绩并帮助学生讨论他们彼此合作的表现。

这五项任务，在我看来都是促进者的工作。

合作学习的有效实施，教师是关键，教师要成为激活者、榜样和促进者。

虽然本书主要不讨论合作学习的实施问题，但是有效实施是避免精心设计的教学方案落空的必要步骤。同时，合作学习的实施也为验证、修正和迭代合作学习设计提供实践方面的依据。

六、教学设计中的"评价"怎么做？

评价阶段，主要任务当然是要对教学效果作评估，但不限于此，教师还要对学生的学习过程作评估，以体现"为学习的评价"这一理念。在 ADDIE 模型中，"评价"虽然是一个相对独立的阶段，但又是一个贯穿 ADDIE 全过程的工作。ADDIE 要求对每个要素作评估：分析、设计、开发、实施、评价。评估的真正目的是查找问题，以修正合作学习设计方案。下面稍作展开：

第一，对合作学习效果进行评价。对合作学习效果的评价主要是指对课堂教学中合作学习的环节是否达到预期效果进行评价，同时也是对包含合作学习任务在内的整堂课的学习效果进行评价。评价时要基于标准，也就是要对照教学目标来评价，才能保持评价与教学目标的一致性，使评估活动促进教学的改进。

第二，对合作学习过程进行评价。对学生参与合作学习活动过程进行的评价主要包括：合作学习策略的应用是否达到要求，以及合作学习活动中的合作技能是否掌握。合作学习的过程评价需要教师对活动过程进行实时监控，以掌握真实情况，便于改进和完善教学设计。合作学习过程的评价可以是：

（1）学生是否具备合作技能？（如不具备，可以在哪些方面进行改善？）

（2）合作学习策略要领在合作活动中是否得到遵守？（如果没有，是策略设置不当还是要求还不明确？）

（3）学生是否积极、主动地参与小组活动？（如果没有，该采取哪些措施？）

（4）学生是否遵守合作学习的规则和信号？（如果没有，该如何加强？）

第三，对 ADDIE 模型的每个步骤进行评价。ADDIE 中的分析、设计、开发、实施、评价都要进行评价，检查这些步骤是否达到专业要求。刚才我们已经讲到，以上评价都不是最终的目的，评价是为了促进反思，而反思之后，就要对合作学习设计进行持续的改进和优化。

 教 学 设 计

运用合作学习设计模板

《西门豹治邺》的教学设计

武汉经济技术开发区新城小学　高敏

设计者	高　敏	年　级	四年级	班　级	四（5）班
教材来源	教科书☐　自编☐　其他☐	学　科	语　文	单　元	第八单元
课时名称	26.《西门豹治邺》第一课时			节　次	第1节
课程标准	语文课程是实践性课程，应着重培养学生的语文实践能力，而培养这种能力的主要途径也应是语文实践。学生是学习的主体，语文课程必须根据学生身心发展和语文学习的特点，关注个体差异和不同学生的需求，积极倡导自主、合作、探究的学习方式。教学内容的确定，教学方法的选择，评价方式的设计，都应有助于这种学习方式的形成。				
教学目标	**学科性目标**		**合作性目标**		
	知道☑　理解☑　应用☐　其他☐		积极倾听☑　　赞扬☑ 感谢☑　　　　求助☐ 掌握时间☑　　切合主题☐ 鼓励☐　　　　对事不对人☐ 轮流发言☑　　主动分享☑ 达成共识☐　　其他☐（控制音量）		
	1. 我能运用主要人物和事件的方法梳理课文情节并概括课文主要内容。 2. 我能抓住课文主要情节，适当省略其他内容，简要复述课文。				
内容分析	自学课文生字词，并能做到正确流利朗读课文。				
	知识类型：事实☑　程序☑　概念☐　原理☐　技能☑ 重难点：通过抓住课文主要情节，适当省略其他内容，学会简要复述课文。				
评价设计	评价方式：口头提问☑　纸笔测试☐　表现性评价☑　自我评价☐　互评☑ 1. 教师根据小组表现进行积分评价。 2. 教师根据学生课堂即时表现进行口头评价、师生评价或生生评价。 3. 小组内交流随机评价。				

合作学习策略	互助式：轮流说□ 练练法□ 两人互查□ MURDER□ 小先生□ Jigsaw□ 其他□ 对话式：发言卡☑ 三步采访法□ 坐庄法□ 接力法□ 一人走三人留□ 内外圈□ 其他□（叽叽喳喳法） 互评式：记记法□ 组际批阅□ 组际评价□ 合作测试法□ 游戏竞赛□ 接力赛□ 其他□ 协作式：情境表演□ 小组调查□ 实地漫步□ 项目学习□ 头脑风暴□ 合作思维导图□ 其他□	
小组管理	说明分组方式、角色分工、座位安排等。 异质☑ 同质□ 随机□ 小组数：<u>9</u>组 每组人数：<u>5</u>人 其他□	
	正相互依赖的方法： 每个组员皆获得同样的奖励（加分）☑ 共同分享一份学习材料□ 角色指派☑ 其他□	促进个人责任感的方法： 随机选择某一组员提问来评价☑ 全班测验（书面）□ 其他□

教学过程			
步 骤	**教学活动**	**评价说明**	**时间（分钟）**
	一、了解名人，整体感知 1. 说历史名人，认识西门豹。 2. 解释新课，读题感知课文内容。 3. 提炼方法（人物和事件），梳理情节。 小组学习任务单： 独学。（时间：4分钟） 默读课文，思考这个故事中出现了哪些人物，他们之间发生了什么事？请借助抓住主要人物和事件的方法梳理故事情节并作好批注。 共学。（时间：5分钟） （1）采用"叽叽喳喳法"的合作策略进行小组交流。 （2）强调合作技能：礼貌问候、认真倾听、控制音量。 4. 小组反馈，概括课文主要内容。	小组积分、表述性评价、口头提问	20分钟

	二、深入情节，探究复述 1. 确定主要情节，练习复述。 小组学习任务单： 独学。（时间：4 分钟） 默读课文 10~15 自然段，圈画你认为重要的信息，尝试简要复述课文。 共学。（时间：6 分钟） （1）采用"发言卡"的合作策略进行小组交流，并选择一个大家喜欢的方式进行全班展示。 （2）强调合作技能：认真倾听、主动发言、遵守时间。 2. 小组反馈，生生评价。	小组积分 表述性评价	15 分钟
	三、走进人物，品味形象 1. 了解故事情节，感受主要人物西门豹的形象。 2. 品味人物形象，理解救人方法之妙。	口头提问	5 分钟
教后 反思	本单元是本册书的最后一个单元，语文要素是"了解故事情节，简要地复述课文。"教材在三年级下册安排了"详细复述"的学习要求，本单元是在详细复述的基础上的发展，要进一步提升学生的阅读理解能力，培养概括能力。为了帮助学生更好地把握重点，突破难点，达成预定学习目标，我始终坚持"教师为主导，学生为主体，合作为主力"，具体从以下两个方面实施课堂教学。 　　第一，借助恰当的合作策略为小组合作助力。本节课我运用了两个策略，即"叽叽喳喳法"和"发言卡"。第一个策略的运用旨在营造和谐积极的语言环境，帮助学生乐于表达继而善于表达。在"叽叽喳喳法"的环境中，学生思维活跃，表达自由，想到什么就说什么，极大地激发了学生的表现欲和思考力。而第二个策略的运用旨在异质分组的前提下保障学生表达的积极性，尊重学生表达的主动性。在一定时间内"尝试简要复述课文"对于四年级学生来说有一定难度，通过"发言卡"的策略既能督促每一个孩子积极主动地发言，保护少部分学生的自信，给予他们更多思考和准备的时间，又能降低学习的难度，让小组成员享受到合作学习的成果。 　　第二，掌握关键的合作技能为小组合作增效。我在设计的两次小组合作中都强调了合作技能，如礼貌问候、认真倾听、遵守时间等，目的都是为了让小组合作学习活动的效率和成果最大化。也正是因为我在课堂教学的设计和实施中统筹了以上的两点，学生的合作学习活动才能有序、有法、有得。 　　另外，从合作学习的角度看，这堂课还需要完善的地方主要是： 　　1. 没有安排时间让学生作自我总结和反思。总结和反思一方面能提高教学目标的达成度，也有利于提高学生的自主合作能力。 　　2. 有对学生学习过程的表现性评价，但是评价标准还不明确，这影响到了学生之间互评的质量。		

思考与练习 ＞ 1. 说出 ADDIE 模型中每个字母代表的含义，并说明"评价"在其中的作用。

2. 为你的合作学习的有效实施设计一个小工具。

3. 谈谈你对"哈蒂排名"的看法；说说教师作为合作学习的激活者、榜样和促进者，我们应该如何努力？

4. 运用本书提供的"合作学习设计模板"设计一堂合作学习的课。

第11讲 │ 专业对话

学 习 目 标 〉

1. 了解合作学习在学校扎根，需要教师个体、教师团队和全校的专业努力。
2. 了解教师胜任合作学习设计工作，在专业素养、专业知识和专业技能等方面的努力方向。
3. 掌握与自己对话和与他人对话的技能，知道以事实和数据说话在专业对话中的作用。
4. 了解合作型学校的内涵以及打造专业共同体的相关知识。

一、合作学习怎么才能在学校扎根？

早在 2001 年 5 月 29 日，国务院颁布了《关于基础教育改革与发展的决定》，其中就专门提及了合作学习，并指出："鼓励合作学习，促进学生之间的相互交流、共同发展，促进师生教学相长。"说起来，这个文件发表至今已有 20 多年了，在国家层面上发布的各类与课程教学相关的文件里，合作学习真没少提。可是，合作学习并不是仅靠发布文件就能在课堂里发生并扎下根的。

合作学习设计是一项系统性很强的工作，在课堂中实施合作学习是一项系统性很强的工作，在一门学科或一个教学班实行合作学习也是一项系统性很强的工作，在学校里全面推行合作学习更是一件项系统性极强的工作。任何系统性强的工作，就要用系统的方法解决。

学校要使合作学习扎根，做好以下三件事很重要，作为一个系统，这三件事缺一不可：

（1）教师个体的专业化努力。教师掌握合作学习的知识和技能，这需要经历一个过程。理解合作学习、认同合作学习、接纳合作学习、践行合作学习，并能创新合作学习，这个过程看似简单，实则漫长。为加速这一过程，就要对教师进行合作学习方面的专业培训。没有经历过系统学习，教师对合作学习作为一种有效的教学策略的理解就会流于浅表，合作学习设计和实施都不会有效。

（2）教师团队的专业化努力。合作学习在进入课堂时往往需要经历一个"校本化"的过程。教师们需要强大的支持系统来提高运用合作学习的能力，而校本研究正是一个支持系统。在校本研究过程中，教师的自我反思、教师之间的同伴互助和专业研究人员的专业引领都是不可或缺的。

（3）学校的专业化努力。合作学习不仅是一种学习方式和教学方式，同时也是一种课堂文化、教师文化和学校文化，合作学习只可能扎根在合作型学校。因此，校长和教师要共同努力，将学校打造成一个真正的学习共同体。学校管理层应以合作者的角色与教师进行平等交往，并将合作学习扩展为一种工作方式和生活方式。

这一讲，我主要围绕着这三件事来展开。

二、走向专业的合作学习，教师应该怎么做？

教师专业发展，主要就是在专业素养、专业知识和专业技能上的发展。合作学习设计和实施是教师的一项专业活动，也应该包含这三大专业内容。

在专业素养方面，要有坚定合作学习的专业信念。

相信合作学习是个好东西，这并非迷信或者盲从。一些校长和老师对合作学习信心不足，希望多看看其他学校的成功经验，这当然是增强信心的好方法，毕竟百闻不如一见。但是，想要搜集合作学习产生良好效果的证据，更应该去看严肃的实证研究。合作学习对于学生智力和非智力方面的发展都产生了显著的促进作用，这些结论都获得了强有力的实证研究支持。所以，对合作学习的信心应该来自于对科学研究的信心。

合作学习作为一种学习方式和教学方式，不能仅仅从这种方式是否有利于提高学业成绩这一个维度来认识。在当代和未来，合作学习都标示了一种精神、一种教育的理念、一种对人的素养的追求。如果没有这种信念，那就很难坚持下去。在实际课堂实践中，人们往往会倾向于选择之前常用的教学方式，这就是所谓的"路径依赖"。如果认识到合作学习不仅是一种手段，教会合作学习这种学习方式本身就是教学、教育的一个目的，那么你就会打破原有习惯，千方百计找机会让学生进行合作学习。

在合作学习的培训和答疑活动中，经常有教师提出在课堂中使用合作学习时间不够用的问题。提出这个问题本身也说明不少教师存在着对合作学习专业信念不足的现象。

合作学习是"慢工出细活"的事。

2017 年，美国教育经济学家格雷格·邓肯（Greg Duncan）领导了一项大规模研究，专门提出了一个教育中存在的问题叫"凋零效应"（fadeout effect）。

什么是凋零效应？如果你快速给学生灌输一些知识，的确能让他们迅速获得成绩优势。但是，这个优势保持不了多久就凋零了。那些看上去学得晚学得慢的学生，终归也会学到那些知识，而抢跑的学生却后劲不足。其实凋零效应不仅限于早教，所有的教育活动都有这个效应。

这是为什么呢？研究者认为，能突击灌输的知识，都属于"封闭式"的技能，都是一些按照规定动作操作的流程。这种知识包教包会，但是缺乏累加作用，不能成为后面继续进步的基础。大家都知道，要想保持学习上长期的领先，就要从小打好扎实的基础。什么才是基础？是那些考试要考的知识和技能吗？显然不全是。学生应该从小掌握一些"开放式"的技能，这些技能其实是真正的"基础"，有复利效应。合作学习就是一种能产生复利效应的重要技能。但是开放式的技能学得慢，一时半会儿见不到效果，如果没有坚定的信念，就特别容易放弃。

以上介绍了教师的专业素养，强调教师专业信念的重要性，特别讲了合作学习虽然慢，但是会产生复利效应。接着我们再来看教师的专业知识。

在专业知识方面，要加深对合作学习的专业理解。几乎所有教师都"知道"合作学习，但对于是否真正"理解"合作学习，这要打个问号。如果缺乏对合作学习的专业理解，就很难将合作学习落实到课堂中，就无法将所学的合作学习知识"迁移"到真实的教学场景中去。一些教师认为合作学习就是把座位重新布置一下让学生们围坐在一起讨论，何必搞得那么复杂呢！其实，这么说是对合作学习的"一知半解"甚至是"误解"。

若教师已经建立了对合作学习的专业信念，也具备了基本的关于合作学习的专业知识，那么，在课堂中就能设计和实施合作学习了吗？

恐怕还是不行，因为还得经过一定的专业技能训练。无论是设计一堂合作学习的课，还是在课堂里实施合作学习，都需要具备复杂的专业技能，这些技能都需要长时间的"刻意练习"才能习得。卡甘认为，循序渐进对于教师掌握合作学习策略非常重要。只有具备了自我监控和自我调节能力，才会更加坦然地面对遇到的困难，而绝不会寄希望于一蹴而就。

与卡甘的观点类似，我在长期的合作学习培训活动中得出一些经验，即合作学习的专业技能的学习至少经历三个阶段：规范阶段、优化阶段和流畅阶段。其实学习任何一门技艺，都要从规范动作开始，一招一式地学，然后逐渐进入"无招"的境界。合作学习不能速成。

三、如何与自己进行专业对话？

刚才我们已经谈到教师个体的专业成长，即要在专业素养、专业知识和专业技能方面获得全面的成长。那怎样才能更好更快地成长？除了"刻意练习"，还要建立正确的"自我意识"。

自我意识被称为21世纪的元技能，是一个人进步和发展的前提。据研究，缺乏自我意识的高级主管作出糟糕决策的可能性比别人高五倍。缺乏自我意识的教师，其教学设计中的一系列决策和选择也好不到哪里去。

自我意识十分重要，可是一个糟糕的现实是，人们的自我意识往往是错误的，可大多数人对此却毫无知觉。卡甘认为这就是"无意识的无能"。

心理学家做过一个实验，研究监狱里的囚犯，结果发现犯人不仅认为自己有道德、有同情心，甚至还觉得自己跟普通人一样遵纪守法。你看，囚犯们对自我的评价竟然能发生如此严重的偏差。那是不是只有囚犯会有这个问题呢？不是，普通人甚至取得很高成就的人也好不到哪里去。一项针对高级人才的研究发现，超过33%的工程师认为自己的水平处在行业的前5%，94%的大学教授认为自己的水平处在行业的前50%。你看，大家都会"自我感觉"良好，心理学家将这种心理现象称为"优于平均"效应，也就是大家都觉得自己比平均水平高。

为什么我们很难认识自己？在《真相与错觉》一书中，作者塔莎·欧里希（Tasha Eurich）分析认为有两大原因。

第一个原因是我们的思维有很多盲点。专业知识越丰富的人，越容易受到认知盲点的影响。一个有趣的现象就是专家作预测，准确率可能还不如普通人高。《真相与错觉》里举了这么个例子：2013年，一家美国电视台邀请了43位棒球专家对世界棒球职业大赛的决赛队伍进行预测，看哪两支球队会挺到最后。你猜多少人说中了结果？一个人都没有。就算是随便挑两个队，预测准确率也很难是0吧。对自己的技术与天赋过于自信，会影响我们的认知。

第二个原因是我们很难摆脱自我崇拜。我们花很多时间打造自己在社交网络上的形象，让别人相信我们过得好，很成功、很幸福。这其实就是一种自我膨胀、自我崇拜的表现。有时候，不需要自己真的很优秀，只要觉得自己很厉害就行。为什么那么多人发照片都要修图？还不是为了维护脆弱的自尊。

刚才我们已经知道，教师要获得专业成长，就要保持清醒的自我意识，可是做到这一点似乎又不太符合人类天性。于是，任何想要获得进步和发展的人，都要有培养自我意识的能力，这个能力就是反思能力。

什么是反思？反思是思考者对自身的思考，是一种自省和内省。人类本能是"正思"而不是"反思"的，有时候即使遇到障碍，我们一般也都会将责任推向外部，而不太会进行自我反省。反思之所以是人类高级的理性活动，是因为反思是对我们自认为是理所当然的和自然而然的知识、观念所发起的挑战。

在教师成长理论中，美国教育学者波斯纳曾经提出过一个著名的"教师成长公式"：教师的成长 = 经验 + 反思。他指出："没有反思的经验是狭隘的经验，至多只能形成肤浅的知识。只有经过反思，教师的经验方能上升到一定的高度，并对后继行为产生影响。"

一个善于反思的教师，绝不会推卸自己的专业责任。什么是推卸责任？比如说，你精心设计了合作学习活动，可是没有达到预期目标，于是责怪学生不配合，甚至迁怒于领导不该推进合作学习，而不是重新思考自己的设计方案，这就是在推卸专业责任。

一个善于反思的教师，是一个能与自己进行专业对话的人。自我对话就是自己跟自己讨论，以促进自我反思。在自我反思中，人的头脑中有两个自己，一个是本人，还有一个扮演专业标准，掌握专业标准的那个人检验本人是否达到专业标准，这有利于更清楚地看到真正的自我。

四、如何与他人进行专业对话？

一个善于反思自己的教师，会主动听取别人的看法，寻求他人的反馈。因为我们必须认识到别人看待我们比自己看待自己更加客观，视角也更丰富、完整。

面对面与他人对话是非常重要的。为什么我们在网上的言论往往失真而又夸张？因为我们在现实中相互交流的时候，是在彼此的目光注视之下，这会让我们更好地承担责任。自我不是独立形成的，要在对方的注视下，我们才会强烈地意识到自己是一个独立的自我。但是在网上发一条评论的时候，好像自己正躲在黑暗里，往往不去做真正意义上的交流，而只是一味地发泄自己的情绪。所以，除了与自己对话，在他人的注视下与他人对话，也是必不可少的。

如果想了解别人如何看待自己，最简单的方法就是面对面的提问。但是，你问了，别人不一定愿意如实回答。你和同事面对面，问他们对你的教学设计有什么意见，他们会说真话吗？未必会，这就是心理学中的"沉默效应"，即当你寻求外界的看法，特别是对于你的专业的看法时，人们宁愿保持沉默，也不愿意说出真实的看法，甚至还可能说反话。这其实也很好理解，人们怕麻烦，怕得罪人。

碍于情面，人们通常不会主动说真话，那么如何去挖掘别人对你的真实看法呢？在《真相与错觉》一书中，作者欧里希建议去找"爱心批判者"来获取建议。

什么样的人是"爱心批判者"呢？爱心批判者未必与你有亲密关系，但他是你真正的朋友，愿意看到你获得成功，而不是顾及你的面子。

找到了对的人之后，你还得认真听才行。很多情况下，人们好心提出建议，我们却不肯听，宁愿像鸵鸟一样把头埋到沙子里。直面问题是令人痛苦的。对此，欧里希提供了一个 3R 模型，帮助我们练习如何反思。这个模型的三个步骤分别是：接受（Receive）、反思（Reflect）和回应（React）。

第一步，接受，无论自己有多难受，先接纳别人的看法。比如说，你跟那位"爱心批判者"讨论你的合作学习设计稿，对方认为你在这个课时中根本就不应该使用合作学习这种方式。这时你陷入了困境，如果听他的，就意味着你的方案可能要全部推倒重来。但是，你必须挣扎出来，一开始你就要从心底里愿意接纳对方的意见。

第二步，反思，问问自己，我理解对方的这个意见了吗？这个意见符不符合专业要求？我的合作学习设计是否真的存在对方所说的问题？对方的意见对我产生什么影响？我需不需要作出回应？如果需要的话，就进入第三步。

第三步，回应，用行动说话，做出改变。

一个善于反思的人是一个能勇敢承担责任的人，是能理性地进行自我对话的人，是能面对别人批评自己的人。

五、为什么要用事实和数据进行对话？

有效的专业对话应该聚焦于问题。与同事们进行面对面的专业对话，就要直面合作学习设计和实施中遇到的问题。

有些问题，其实已经有了答案，对你来说这是问题，而对受过专业训练的人来说，这不是问题。比如，经常有教师会问如何编组及一些学生不参与的问题，对这些问题前人做过不少实践研究，已经形成了知识结论，我们只要好好学习，加以应用即可。

我认为用于专业对话的那些问题，主要是那些没有可靠研究结论，却又困扰我们的问题。

什么是专业对话？专业对话是在同行或者同事之间发生的言语互动，是指为了解决一个问题、完成一个共同的目标或者以某种方式构建共同的理解而参与的一种协同性的、持续性的努力。只有基于事实和数据的对话，才能使对话具有延展性、探究性、互惠性、合作性与批判反思性等特征，也才能通过对话实现知识增量。

但是，同行和同事之间的专业对话难度很大，为什么呢？那是因为存在着"羊群效应"。

什么是羊群效应呢？就是第一个人讲了一个观点，很可能影响到后面人的观点，当后续发言的人都顺着第一个人的观点讲，或者附和第一个发言人的想法的时候，就出现了羊群效应。那后续发言者为什么会附和前边的观点呢？往往是因为第一个发言的人是领导或者专业人士，即使第一个发言的人不是领导，后续发言人也可能会附和前边的人。因为他可能对自己的观点不自信，如果自己被证明不正确，或者建议不被采纳，就会感到没面子。

为防止出现羊群效应，就要在专业对话中改变话语方式，倡导以事实和数据说话的风格。比如说，解决如何鼓励学困生参与合作学习的问题，在听取专家意见后，加上自己的想法，在课堂中去操作，在操作时把注意力放到一个或几个学生身上进行课堂观察，观察这些方法是否引发观察对象的变化。

你可以邀请你的同行或同事帮你做课堂观察，记录学生在合作学习中的行为表现。观察学生参与合作学习的行为表现，这并不需要多么高难度的专业技术，甚至不需要专门的准备，只要观察者尽可能离学生近一些，并且带上听课本和笔就行。

关于事实和数据，我再给大家说说"黑匣子"的事。英国作家马修·萨伊德（Matthew Syed）写过一本名叫《黑匣子思维》的书，书中说"黑匣子思维"指的是运用黑匣子来积累数据，从失败中汲取经验的思维方式。

黑匣子是飞机上的一种记录设备，可以准确地记录飞机上所有电子系统的指令和驾驶舱内的任何声音，飞机一旦发生事故，那就可以通过找到黑匣子里的数据，准确分析出事故原因。航空公司一般不会隐瞒事实，而是会将黑匣子公布于众，帮助航空业的其他从业人员反思和学习。这种从错误中学习的方法在航空业应用了几十年，帮助航空业成为世界上安全系数最高的行业之一。

可是，作者发现，这种方法并没有在其他领域得到广泛地使用。那是因为很多行业里的人对待失败还是传统的思维，以失败为耻，刻意地去隐藏和躲避失败，这种观念导致人们没有办法持续地在错误中学习。

我想，如果教育行业也能像航空业那样建立黑匣子思维，记录下事实和数据，通过同行间的专业对话，不断查找问题，从过去的教训中汲取经验，那么教育的质量会更高。

六、如何打造专业共同体？

课堂观察为教师之间的专业对话提供了依据，而教师们结成的专业共同体组织，是专业对话的重要依托。

合作学习研究者撒普（Tharp，1993）认为："合作学习如同其他发生在学校里的教育改革一样，不可避免地遇到了许多阻力与困难。目前的分析引导我们得出这样一个结论：合作学习——只要学校的管理活动继续维持在权威的分配—评价式的活动背景中——将不过是一种暂时的风尚，快速地消化而后迅速地排出。如果没有并行的、作为支撑的活动背景草案（这种草案融合了老师的教学目标、对合作学习意义的理解，还有整个学校的价值导向），我们不能期待班级中的任何改变能得到维持。在这种情况下，除非有了具有合作学习意识的教师、原则和指导者，否则我们不能期望学生能够坚持合作学习。"

合作学习研究者约翰逊兄弟也认为，高质量学习的发生绝不是孤立的结果，而应该是团队努力的结果。他们认为：如果一所学校只有一两名或极少数教师在实施合作学习，难度就很大，而且很难坚持下去；如果要想使合作学习更有效地得以实施，"就必须能在课堂、学校与学区三个层面，在教学活动与组织结构两者之间保持某种程度的一致性"。

基于上述观点，约翰逊兄弟提出创建合作型学校（cooperative school）。何谓合作型学校？用约翰逊兄弟的话来讲，"合作型学校即以团队为基础的高效能学校"，合作型学校是合作学习的思想和策略扩展到学校管理层面的一种结果。

我的观点与其他合作学习推行者的看法一致，推动合作学习在课堂里扎根，光是培训教师，让他们掌握一定的合作学习技能，这是远远不够的。合作学习的要害在于人际合作，应使学校在各个层面上的互动都以合作性为基本特征。在学校里，合作应该是全方位的和全员的，无论在课堂里，还是在教研组里，在学校的各个角落里，都应该体现出合作和对话。

基于以上认识，就要努力将学校和教研组、年级组、研究小组打造成有利于专业对话的共同体，在任何一所学校的团队中，都应该使成员具备归属感、信任感和横向领导力。

团队成员的归属感

人是一种群居动物，需要有所"归属"。如何提高成员的归属感呢？马丁·邓普西（Martin Dempsey）在他的《激进包容》一书中指出，建立团队归属感最重要的东西是"共同的回忆"，这些回忆来自五个方面：

（1）成功。我们一起完成了一项了不起的事，每个人都作出了贡献，而且每个人都知道他的贡献对于我们集体能干成这件事非常重要。这样的回忆会给人很大的鼓舞。

（2）失败。失败会让人成熟。一起经历过失败，谁也不推卸责任，大家都知道失败是什么样的，团队会变成熟。

（3）关心。通过一些事情让人感觉到集体很关心自己，这样就有了安全感。

（4）正确的做法。当你作为领导面临一个艰难选择的时候，你要让你的团队看到，你是如何作出正确选择的——这样下次他们遇到类似情况，也知道应该怎么选。

（5）错误的做法。当有人犯错的时候，团队一起来体验这个错误，下次就知道这么做不对。

团队成员的信任感

专业共同体是以信任为基石的。信任，是团队建设和组织发展中的重要概念，团队成员之间缺乏信任，是团队成长中最大的障碍。

团队成员之间如何建立信任关系？第九讲中给大家介绍过《团队协作的五大障碍》，在这本书所列举的团队协作的五大障碍中，缺乏信任和惧怕冲突被列为前两大障碍。

团队成员们的领导力

受联合国发展署委托，罗杰·费希尔（Roger Fisher）撰写了《横向领导力》一书。什么是横向领导力？费希尔说，横向领导力就是不依靠行政权威，仅凭自身才能就能够与他人合作完成艰巨任务的能力。和别人一起合作完成任务是一件很不容易的事情，一个好的专业共同体，需要团队成员都具备横向领导力。

怎样才能培养这样的横向领导力呢？作者提出了三点：培养技能；明确目标；影响他人。

（1）培养技能。你想，要是你的专业技能不过关，怎么能与他人合作？可能连资格也没有。所以，个人的专业水平低下，对团队进步是有害的，这一点是不言自明的。

（2）明确目标。什么是共同体？不是一群人在一起研讨合作学习就是共同体了，共同体要有共同目标。为了让团队内部每个成员共享目标，就要明白每个任务背后的原因。如果你要造一艘大船航海，第一件要做的事情不是让大家砍树、收集木材，而是激起大家对大海的渴望。哪怕是一件非常小的事情，也应当让大家了解任务背后的理由。

（3）影响他人。有了专业技能，也有了共同目标，也不是自然就成为共同体。因为团队在合作解决问题的过程中，每个人的精力、习惯和方法都不一样，过程中还可能产生很多分歧。这个时候，就必须具备协调大家意愿，调动大家积极性，影响别人行为的能力。

合作学习研究者斯莱文教授在《教育中的合作革命》一文中指出："应该把合作学习的基本原则纳入整个学校系统的运行轨道中。其中包括学生与学生、教师与教师、教师与学生、教师与学校行政人员、学校与家庭和社区、一般教育与特殊教育的全面合作——合作革命的前景十分诱人，学校将会成为更人道、更愉快的工作与学习的场所。"

虽然这只是一本研究合作学习设计的小书，却依然对学校组织的更大变革充满期待。

思考与练习 ＞ 1. 美国教育学者波斯纳（Posner）曾经提出过一个著名的"教师成长公式"：教师的成长＝经验＋反思。请谈谈你的看法。

2. 本讲讲到"羊群效应""黑匣子""凋零效应""爱心批判者"等，请谈谈对你的启发。

3. 对于学校打造专业共同体，你有什么好的建议？如何发挥你的横向领导力？